社長の教科書

リーダーが身につけるべき経営の原理原則50

小宮一慶
Komiya Kazuyoshi

ダイヤモンド社

はじめに

「経営学」と「経営」の違い

経営には「基本」があります。それを押さえておかない限り、戦略本をいくら読んでも成功はできません。もっと言えば、本に書かれているのは「経営学」であり、「経営」ではないからです。「経営学」と「経営」は違います。

私は経営の本質とは、**①企業の方向付け、②資源の最適配分、③人を動かす**の三つだと思っていますが、経営について基本的なことを言葉で説明するのは、実はそれほど難しくはありません。

ただし、実践するのはすごく難しいのです。そのためには、訓練、トレーニングが必要です。「正しい努力の積み重ね」が必要になってきます。

しかし、だれでも、正しい努力を積み重ねれば、ある一定レベルの経営者になれます。その正しい努力とは何かを知っていただくのが、経営者のコーチである私の仕事であり、本書の主旨です。

正しい努力の積み重ね——この言葉には、キーワードが二つあります。「正しい努力」と、「積み重ねる」です。

まず、「正しい努力」について説明しましょう。

例えば、Jリーガーになりたいという子供がいたとします。その子が毎日10時間、卓球を必死で練習しても、Jリーガーには絶対になれません。Jリーガーになりたければ、サッカーの然るべき練習をしなければいけないのです。

ちょっと極端な例ではありますが、言いたいことは、まず「正しい努力」が何かを、知らないといけないということです。

後はそれを「積み重ねる」。紙一重の積み重ねで、どれだけ積み重ねられるかで、ある一定水準までは必ずいきます。それはゴルフの練習と一緒で、ある程度、基本とは何かを知った上で練習を積み重ねていくと、皆が皆プロになれるかどうかは分かりませんが、ある一定のところまでは必ず上達するのです。

大事なことは、「経営」というものは本質的に何かということを知った上で、そのための正しい努力を積み重ねていくこと。

私は、その努力を始めるのが、早ければ早いほど良い経営者になれると思っています。経営者になってからでは、実は遅いのです。経営者になる前から、その努力を積み重ねていくことが必要です。しかし、今、すでに社長の人でも遅すぎるということはありません。今日からでも正しい努力を積み重ねれば、レベルが上がることは間違いありません。

ですから、本書のタイトルは「社長の教科書」としました。日々社長の仕事をしている人はもちろん、この本で本質的な経営とは何かを知った上で、今からでも遅くありませんから、正しい努力を積み重ねていってください。また社長になりたい人や、すでに後継者となっている人たちは、できるだけ早く「経営とは何か」ということを知った上で、勉強を重ねてほしいと思います。

経営は実践

そもそも、一般的に言われる「経営学」と、私が説明する「経営」とは全く違うものです。経営学が無力だとまでは言いませんが、我々が実践する経営の参考になる一部でしかありません。

なぜなら、経営学とは、過去に成功した会社や失敗した会社の事例を分析するものだからです。経営学は過去を分析するものであり、経営は未来に向かって働きかけるものです。経営学が将来に向かっての方向付けに役立つ場合もありますが、当然、役立たない場合もあります。過去の成功パターンにしがみつき、それを100パーセント知っているからといって、必ずしも成功しないでしょう。

その理由は、方向付けを行うためには、外部環境や内部環境の分析が不可欠ですが、外部環境は常に変わっているし、内部環境も常に変わっているからです（数年前までは、トヨタの事例研究が数多くなされましたが、赤字になったとたんに研究されません。経営学とはそのようなものです）。

実際の経営をしていく上で大事なことは、経営学だけに頼らないということ。実際に方向付けするとき、経営学も参考にはなることもありますが、それだけではまったく十分ではないことを、認識しておかねばなりません。

経営は実践です。実際にどうしなければいけないか、を考えなければいけないのです。未来に向かって働きかけなければいけないものです。我々経営の現場にいる者にとって、難しいのはそこなのです。

100パーセント未来を見通せる、ということはあり得ません。でも100パーセントではない中で、できるだけ高い確率で「正しい方向付け」をしていけるかどうかが、経営者の腕の見せどころ。そのための訓練を欠かしてはいけません。

経済学と心理学を学ぶ

では、経営者に必要な「訓練」とは、具体的にどういうことでしょうか?

まず経営者に求められるのは、**「経済学」と「心理学」**だと私は考えています。方向付けやその他、経営にまつわる様々なところで、この二つの知識が重要になります。

もっとも、「経済学」とは、学問としての経済学ではなく、世の中がどういうふうに動いていくのかを読むことを指します。

また、お客さまがどんな商品を買ってくれるのか、それを見極めるには、経済学的な要素と共に、心理学の要素が深く関わってくるのです。また、「人を動かす」という点でも、「どういうときに人が動いてくれるのか」を見極めるには、実践的な心理学を知っておくべきでしょう。

つまり「経営」について本当に勉強しようと思うなら、まずは**世の中の動き、人の動き、人の心を知ることが大事**なのです。

新聞を読む

例えば、弊社で開催している後継者を集めたセミナーやコンサルタントの養成講座では、まずこう言います。彼らに最初に言うことは、

「とにかく新聞を読みなさい」

それも、一面から必ず読みなさいと言うのです。

新聞一面のトップ記事には、新聞社の独断と偏見ではありますが、読者にとってその日最も重要である、読者に知ってほしいという記事が載っています。ですから、世の中の動きをつかむには、一面から読むのが一番適切なはずです。そしてゼミ生には「経済日記」を必ず渡し、新聞を読んで、毎日日記をつけてもらうのです。できれば日経新聞を読んで、自分の仕事や会社に関わることを書くように指導します。

この毎日の日記が、「積み重ね」になるのです。何でもいいから世の中の動きを知っていけば、日記を始めて3日で世の中が分かるとは言いませんし、3カ月で分かるとも言いませんが、1年、3年、5年とそれを積み重ねている人と、積み重ねていない人では、超えられない差が生まれるのです。

以前、後継ゼミに参加していたある人が、米国の中小企業団体との交流のため、米国に行く機会があったそうです。その際に開かれたパーティーで、日本の経済の状況を現地の人に尋ねられたとき、他のだれも答えられなかったのに、彼は後継ゼミに参加してから毎日、卒業してからも、日経新聞を読んで経済日記をつけ続けていたため、今の景気の動向がどうなっていて、GDPが何パーセントくらい成長していていということを、自分だけ説明することができたそうです。

これこそ、積み重ねの成果と言えます。積み重ねているから、世の中の動きが分かるわけです。何事も訓練が必要だという良い証拠でしょう。しかし、多くの経営者がそれを分かっていません。

「会社」という字は、面白いもので、「社会」という字を反対にしたものです。どんな大企業であっても、社会の大きな動きには勝てません。世の中がどのように動いているかを知ることは、経営においてとても大事なことです。

とにかく、新聞でも雑誌でも、何でも構いません。毎日コンスタントに、そこからの情報を自分にインプットしてください。さらに街を歩いたり、色々なところへ行って、世の中を見るのも実践的な経済学です。そうした正しいインプットを積み重ねることが大事です（もちろん、お客さまの動向を知ることが、マクロ経済を知ることよりも重要です。このことは後で説明します）。

経営で一番大切なこと

私がこの本で皆さんに伝えようとしていることは、**経営の基本的な技とともに、経営に対する考え方**です。あくまで私自身の考えですから、本当に100パーセント正しいかどうかは分からないけれども、私は正しいと信じています。私は自分の考えが正しいと信じて、こうして本にも書いていますし、講演会などでお話ししたりもしているのです。

一方で、人間ですから、実際には100パーセント絶対ということはあり得ないでしょう。ですから、読者の皆さんが私とは違う考え方を持っているとしても、構わないと思います。もし「受け入れられない」という人がいたら、構わないのです。他のやり方で経営を行なうことがあってももちろんいいと思います。

ただ、私が伝えようとしている事は、おそらく一番成功確率が高いであろうと思われる経営のやり方であり考え方です。勉強方法もそうです。

もっと言えば、私の仕事は何かというと、人に成功してもらうことなのです。私が関わった企業や、そこで働く人に成功してもらって幸せになってもらうことが仕事です。何もいい格好をしたくて言っているわけではありません。私が関わった企業やそこで働く方が成功したら、それが直接私の成功に繋がるからです。

ですから、私の永遠のテーマは、人が幸せになること、成功することです。

そういう思いを持ちながら、実践で沢山の会社を見てきた上で、**経営で一番大切なことは何か**ということを追究してきたのです。成功している会社も、失敗している会社も沢山見てきました。中には残念ながら潰れた会社もいくつかありました。それらを見てきた上で分かったことを、この本で紹介していきたいと考えています。皆さんが経営者として成功していただくための「社長の教科書」なのです。

2010年2月

小宮一慶

はじめに
「経営学」と「経営」の違い　1
経営は実践　3
経済学と心理学を学ぶ　5
新聞を読む　6
経営で一番大切なこと　8

第1章 経営という仕事と経営に対する考え方

経営者がやるべき三つのこと　18
企業の方向付け　19
資源の最適配分　32

人を動かす 46
お客さま第一を徹底する 47
「ダム経営」を心がける 67
利益よりキャッシュ 70
明日のために投資する 73

第2章 ビジョン・理念が会社の根本

土台は考え方・目標よりも目的が大事 86
ビジョンは自分の頭で考える 92
ビジョン・理念が会社の求心力になる 94
パナソニックとソニーに共通するビジョン・理念の経営 101

第3章 戦略立案の基本原則

「外部環境分析」と「内部環境分析」 110
戦略の基本は「他社との違い」を明確にすること 114
分析対象は「お客さま」「ライバル」「代替品」「マクロ経済」の四つ 122
オンリーワンではなくナンバーワン 134

第4章 マーケティングでお客さま第一を具体化する

お客さま第一が基本 138
QPSとC 139
1回のお客さまを一生のお客さまにするリレーションシップ・マーケティング 157

一番は偉い！ 163
あなたは特別 167
感動を生む 172
感謝と工夫 179

第5章 会計と財務の本質

財務諸表は、安全性、収益性、将来性の三つを見る 184
ファイナンスの基本はダム経営 198
手元流動性を確保する 203
キャッシュフロー経営の基本は「稼ぐと使う」 206
月初には預金残高を確認する 209
会計や財務はビジネスの本質とは違う 211

第6章

ヒューマンリソース・マネジメント

人は理屈では動かない 214
モチベーションより働きがいアップ 216
多くの会社の成果主義人事制度は誤り 223
楽しく働ける仕組みを作る 225

第7章

リーダーシップとリーダーの姿勢

指揮官先頭 232
成功する人は素直 238
素直の3ステップ 248
肩書きではなく人望 250
「優しくて厳しい」のが良いリーダー 255
リーダーの持つ「甘さ」と「優しさ」 259
成功する経営者の五つの特徴 261

おわりに 270

第1章

経営という仕事と経営に対する考え方

経営者がやるべき三つのこと

この章では「経営」とは何か、そして、この経営に対しての正しい「考え方」について説明します。

まず、経営とは何かを知ることが、社長としての技量を高める大前提です。何を勉強すればよいかが分かるようになります。そして何よりも、正しい考え方を持つことが経営者には必要です。この正しい考え方を持たない限り、社長としての成功はありません。この章では、この二つのことを十分に学んでいただきます。

世の中には「経営」という仕事が存在します。

しかし多くの経営者の人が、そのことを十分には知りません。さらに、経営者を目指している人たちも、それに気づいていないのです。

では、「経営」という仕事は何なのでしょうか。

私は、次の三つだと考えています。

①「企業の方向付け」
②「資源の最適配分」
③「人を動かす」

まずは、それぞれについて細かく説明していきましょう。

企業の方向付け

「企業の方向付け」というのは、いわば戦略です。

それは図1にあるように、ビジョンや理念に基づいた上に、外部環境や企業の内部環境を分析して、方向付けを決めていくことなのです。

この「方向付け」をどうするかによって、会社の命運が決まります。これは、会社がうまくいくかどうかの必要条件です。これが違っていたら、もう目もあてられません。どんなに優秀な人がいても、会社はおかしくなります。

経営を「管理」だと考えている経営者は沢山いますが、「管理」は正しい方向付けができているという前提があって、初めて生きてくるものです。方向付けが違っているのに正しい管理がなされてしまうと、むしろ会社は早く崖っぷちに到達するだけです。間違った方向へ、それが正しいという前提で、急速に進んでいってしまうからです。

つまり「方向付け」が正しくなされていることが、会社が成功する上での大前提と言えます。

何をやるかを決める

「方向付け」をもう少し噛み砕いて言うなら、「何をやるか、やめるかを決めること」です。それは会社全体の場合もあり、また部門を預かる立場にある人であれば、部門で何をやるか、やめるかを決めることでもあります。

大切なのは、経営者が**「何をやるか、やめるか」を正しく決める判断能力を持つこと**。さらにその大前提として、経営者の考え方が確立していることが重要なのですが、それについて詳しくは、第2章でお話しします。

図1 企業の方向付けとは戦略を立てること

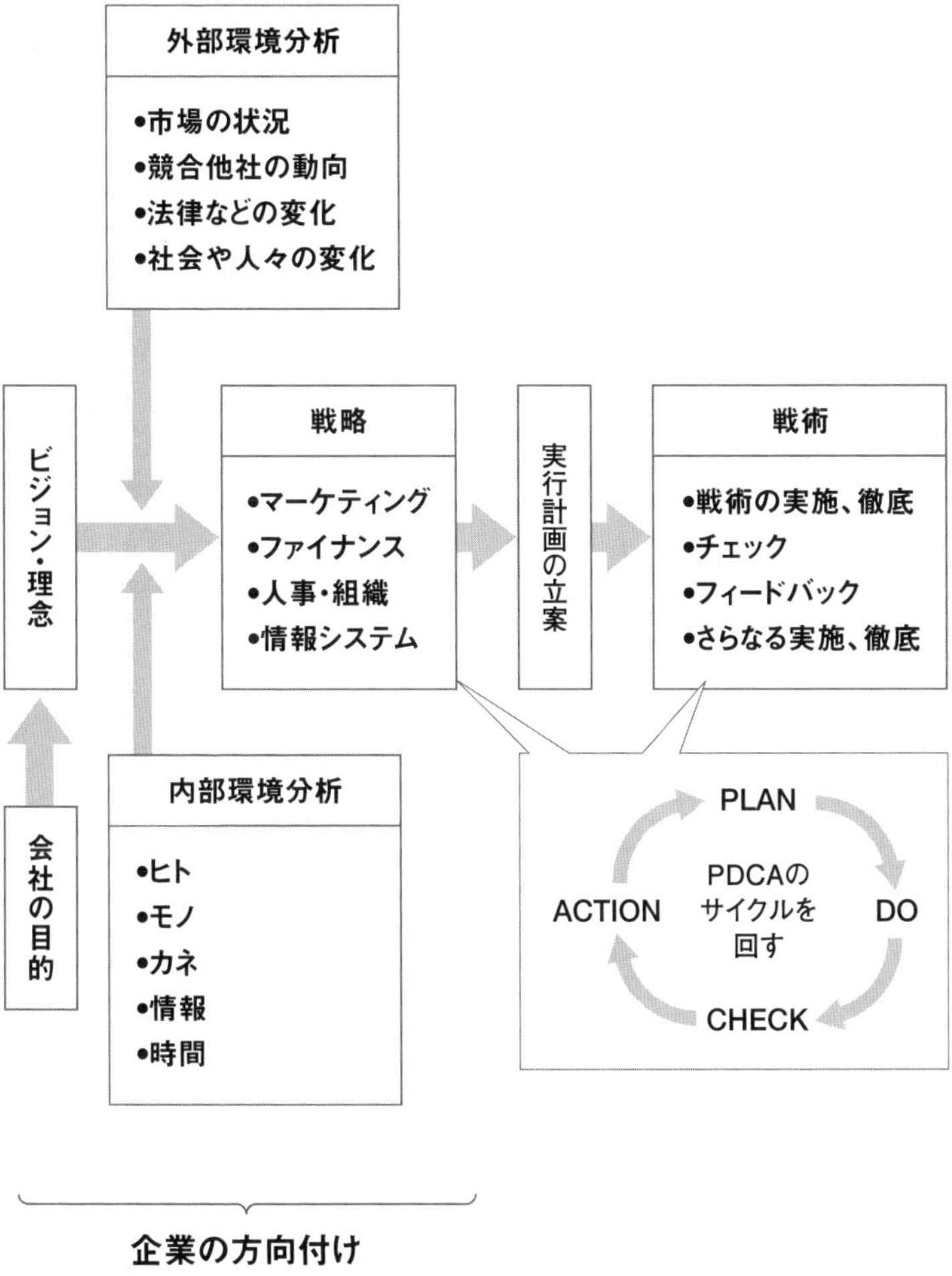

「Q、P、S」

会社の方向付けを行なうとき、一番見極めなければならないことは、実は「お客さまの動向」です。自社のお客さまが何を求めているのかを見つけ出すことが、方向付けの最重要課題であり、基本中の基本なのです（経済学部教授のようにマクロ経済が分析できても、まず、お客さまの動向が分からなければ、会社はうまくいきません）。

このとき、私が他社との違いを分析するツールとして使っているのが「Q、P、S」という考え方です――**クオリティ（品質）、プライス（価格）、サービスの3つ**です（私たちのようなコンサルタントは解決策を提示することも大切ですが、解決のための手段をうまく提供することも大切なのです）。

マーケティングの章でも詳しく説明しますが、お客さまは、このQPSの組み合わせで、自社を選ぶか他社を選ぶかを決めますから、お客さまの求めているクオリティ、プライス、サービスの組み合わせを見極めることが、正しい方向付けにおいてまず最も大切なことなのです。このQPSの組み合わせは、時々刻々と変わっていきます。お客さまの懐具合や、経済環境に影響されるからです。

サブプライムローン危機後のような景気が悪化したときであれば、給料が下がっていま

図2 お客さまが求めているQPSを常に考える

経営者はお客さまの求めているクオリティ、
プライス、サービスの組み合わせを常に考える

すから、お客さまが今まで求めていたものと同じクオリティ、同じサービスのものを、より低い値段で提供することが求められることが多いのです。

実際に、１０００円を切るジーンズを各社軒並み販売し始めましたし、コーラ一缶29円、千葉県では一缶19円といった値段で売られているディスカウントストアもあると言います。牛丼の値段も下がりました。

それは、景気が悪くなり、お客さまが求めるＱＰＳの組み合わせ、とくにＰに対する要求がどんどん変わっていっていることに、各社が反応した結果なのです。

現場に行き自分の目で確かめる

それでは、お客さまの求めるＱＰＳを見極めるためには何をしなければならないでしょうか？　お客さまの動向を見極めるためにも、経営者はお客さまのところへ行かなければいけません。頭の良い人は、お客さまが望むＱＰＳの組み合わせを自分で考えてしまいますが、それではダメなのです。どんなに頭が良くても、お客さま自身ではないからです。

いつも会社の中にいて、でんと座っているだけでは、どんなに頭が良くてもお客さまのことなど分からないのです。部下の報告だけでは足りません。

例えば、スーパーやコンビニエンスストアの棚で売られている商品を扱っている会社であれば、実際に売り場に行ってどんなお客さまが買ってくださっているのか、自社商品の周りや隣の棚に他社のどんな商品が置かれているのか、そういう実状を現場で見極めることができなかったら、成功する経営者にはなれないのです。

それは頭の良し悪しの問題ではなく、お客さまの視点に立てるかどうかです。お客さまがモノを買うのであって、経営者が買うわけではありません。経営者の頭の中だけで、お客さまを判断してはいけないのです。謙虚な姿勢でお客さまの動向を見極めることやその姿勢が大切なのです。

ライバル会社の動向を知る

ＱＰＳの組み合わせを考えるとき、もう一つ注意しなければならないことは、自社のライバルがどのようなＱＰＳの組み合わせをお客さまに提供しているかということです。

もしライバル会社のＡ社が９９０円のジーンズを販売したら、今までは１５００円以上出して同じ商品を買っていたお客さまも、９９０円以上出して買わなくなるでしょう。では、それに対抗するために、自社はどうすればいいのかを考える必要があります。例えば、プライスを下げて、８８０円のジーンズを出そうとなるかもしれません。

このように、ライバル会社の提供するＱＰＳの組み合わせによって、お客さまの動向が変わります。ですから、ライバル会社の状況も見逃してはいけないわけです。

素直な目でライバル会社のQPSを見極める

ただ、ライバル会社を見るときに、おうおうにして正しく判断できない場合もあります。それは、経営者がライバルに対して偏見を持っている場合です。実際に、持っていないつもりでも、実は偏見を持っている場合も少なくないのです。内心、ライバル社など大したことはないと思っていたり、逆に差がありすぎて自社は絶対に敵わないと思い込んでいたりするのです。

そうではなくて、素直な謙虚な目線で、真っ直ぐに、ライバル会社のQPSがどういう組み合わせになっているのかを見極めてください（これも訓練で必ず向上します。素直に見ようという気持ちです）。

自分の会社や自社商品に対して、「思い入れ」を持つのは悪いことではありませんし、むしろ思い入れや愛着を持っていなければ、良い商品、良い仕事はできません。ただ、「思い入れ」が過ぎると「思い込み」になります。思い込みを持つと、バイアス（偏見）が掛かってしまうのです。

他社製品など大したことはない、あるいは、逆に他社に敵うわけがないといったバイアスを決して持たないこと。経営者としてはもちろん、ビジネスマンとして成功したいなら、素直な目で物事を見ることがとても大切です。

松下電器産業（現パナソニック）の創業者である松下幸之助さんは、**「人が成功するために一つだけ資質が必要だとすれば、それは素直さだ」**とおっしゃっています。『素直な心になるために』という本も出版されています。素直というのは、つまり謙虚さなのです。素直で謙虚な目で、お客さまのこと、ライバル会社のことを見ることができるかどうか。それが、経営者に求められる大切な資質の一つなのです。

アイデア社長が会社を潰す

素直な目で、お客さまが求めているＱＰＳの組み合わせや、ライバル会社が提供しているＱＰＳを見つけ出すこと——それが経営者の資質の一つであることは間違いありません。

けれど、一つだけ忘れないでほしいことは、見つけ出したＱＰＳはあくまでも「仮説」だということです。それは「結論」ではありません。

ですから、「仮説」を検証していかなければいけないのです。経営者の中には、「自分が言ったことは絶対だ」と考える人もいます。しかし、それも全て仮説です。

私が尊敬する経営コンサルタントで、10年ほど前に80歳でお亡くなりになった一倉《いちくら》定《さだむ》先生の名言の一つに、「アイデア社長が会社を潰す」というのがあります。

社長であれば色々とアイデアを思い付きますし、アイデアを持つこと自体は悪いことではありません。ただし、それを「仮説」だと思えなかったらダメだということです。社長である自分のアイデアは「絶対」だ、と思ってしまう経営者が少なからずいるものですが、そもそもこの世の中、アイデアが100%当たることなどあり得ません。

まずは、どんなアイデアも「仮説」の一つだと考えてください。成功する確率の高いアイデアを出せれば出せるに越したことはないけれど、それでも、あくまで「仮説」ですから、それを検証することが必要なのです。検証しようとする謙虚さが必要なのです。

社長が言ったことは、部下は「ダメだ」と思っても聞かざるを得ないのです。少なくとも聞いているふりはしないといけないのです。そのアイデアが部下を振り回すことになりかねないのです。あくまでも仮説です。

ワンマン社長ほど気をつけてください。社長が言ったことを部下は、やらざるを得ないのです。もちろん、十分検証したことは、やらせることが必要ですが、単なるアイデアや思いつきは、はっきり言って、部下でも出せます。

でも、部下も、ワンマン社長につべこべ言われるのが嫌だから言わないだけです。言ったら、やらされる、責任を取らされると思って言わないだけなのです。そうなると、ワンマン社長は、検証もしない「アイデア」を無責任にどんどん出す、部下は何も言わずに聞いたふりをしているという、悪循環が生まれるのです。ひどい社長になると、自分で出したアイデアを忘れていることすらあります。

小さいリスクを取りながら、その仮説を検証し、できるだけ早く検証結果を出して、次のステップへ進む。それを実行できる経営者、実行できる会社は成功します。とにかく、だれの考えであろうと、アイデアであろうと、「絶対当たる」などということはありません。

腕の良いコンサルタントや、腕の良い経営者とは、仮説を出して、できるだけ素早く検証し、高い確率で成功するものをどんどんやっていける人です。アイデアを出して「これは絶対だ」と言う人なら、まるで占い師のようなもの。それでいて、「自分は経営が上手い」と思っているなら大きな間違いです。

成功する確率の高い仮説を出して、素早く検証し、結果が良ければ実行に移す。そこが経営者の腕の見せどころです。

良い会社とは、部下も社長も皆で仮説を出すことができ、それを検証して、高い確率で成功するまで練ってから、実際にやってみるという風土がある会社を指します。

しかし多くの経営者が、それを知りません。だから、アイデアを出して当たれば、会社はうまくいくだろうと考えます。もちろん当たることもありますが、ほとんどは当たりません。「お客さま第一」の考え方をベースに、多くの人がアイデアを自由に出し、その仮説を高い確率で成功するまで検証した上で実行していける会社が、最終的には成功するのです。一倉先生が言うまでもなく、「アイデア社長は会社を潰す」のです。

図3 アイデアは仮説にすぎない

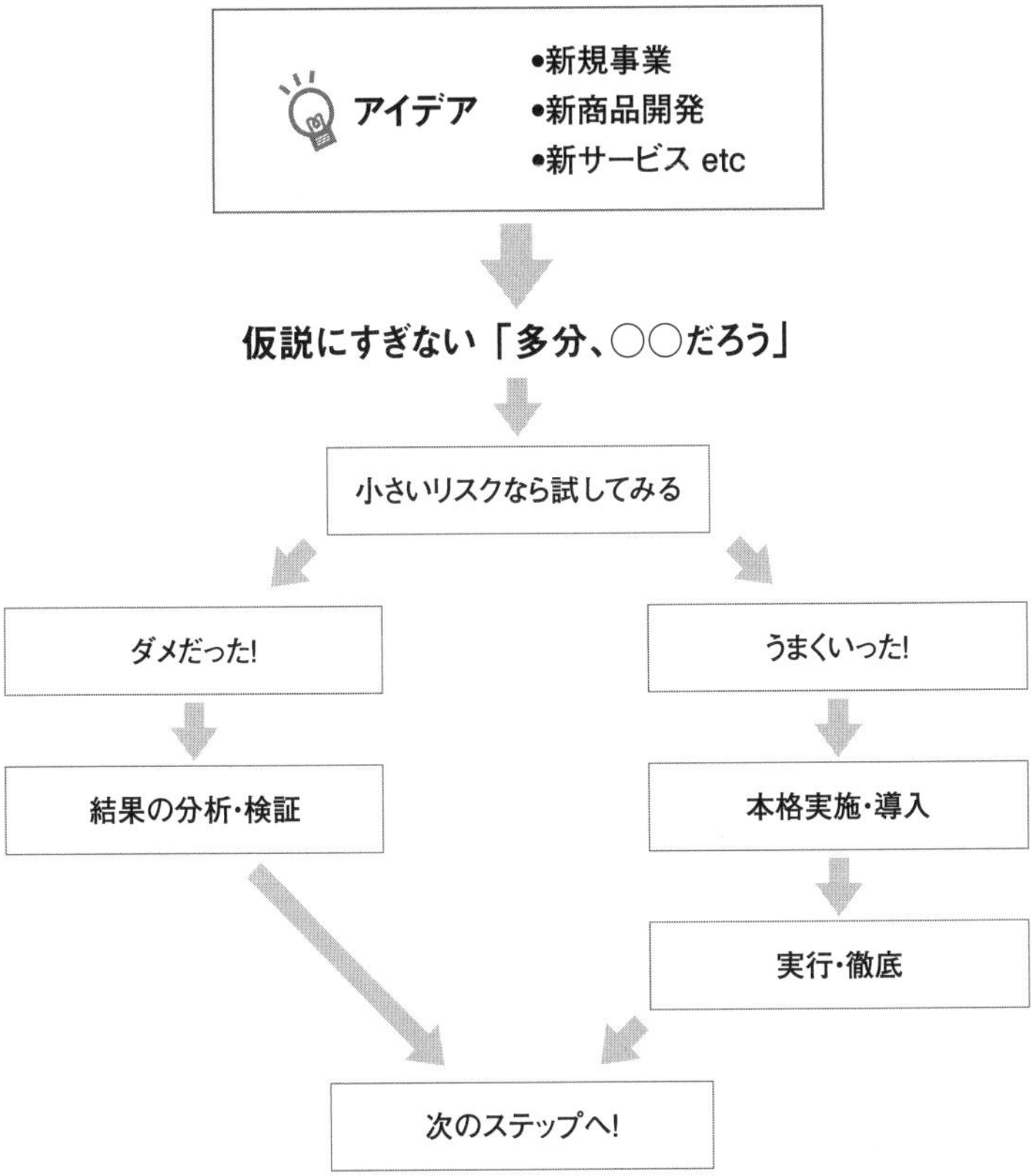

**小さいリスクを取りながら、その仮説を検証し、
できるだけ早く検証結果を出して、次のステップへ進む。**

資源の最適配分

方向付けは、とても難しいものです。将来にわたってお客さまに買っていただけるＱＰＳを見つけ続けるのは、とても難しいことなのです。言うのは簡単、やるのはすごく難しい。それが経営です。

では、私が経営の仕事の２つ目に挙げた「資源の最適配分」はというと、実のところ場合によっては、こちらの方が難しいかもしれません。言葉で表わすなら、単にヒト、モノ、カネを適切に配分するというだけのことですが、実践するのは容易ではないのです。

なぜなら、「私利私欲」が働くからです。自分と闘わなければならないのです。

失敗の最大の原因は私利私欲

大企業の経営者でも、中小企業の経営者でも、会社が大きくならなかったり、うまくいかなくなったりする最大の原因の一つが、この「私利私欲」です。「公私混同」です。

社長になり、あるいは、経営幹部になると、権限が増えます。人事異動をする権限、お金を使う権限など様々です。そうしたとき、「自分のために」ということが先に来る経営者には、やはり人が付いてこなくなります。

中小企業の経営者でもそうです。経理に奥さんなど身内を置いておき、ひどい経営者になると自宅で使うテレビを会社の経費で買ってしまいます。さらには、家族旅行の費用まで会社の費用で落としている。それは、はっきり言って、自ら「自分の会社を大きくしたくない」「会社を成功させたくない」と宣伝しているようなものです。

一番良いのは、**良い会社をつくり、儲けて、給料を沢山取ること**です。会社が良くなって給料をたくさん取ることに関しては、従業員は誰も文句を言いません。

しかし、たいした会社でもないのに、経営者が会社のお金をくすねるような行為をしていると、下にいる人はアホらしくなってきます。社長の家族が海外旅行をするために、なぜ自分たちが必死になって働かなければいけないのだ、と腹立たしく思うでしょう。そうすると、部下たちもまた、仕事を適当にやるようになり、また、自分自身のためだけに働くようになるのです。

すると当然、会社はおかしくなっていきます。

「For the company」で働く

大切なのは、For myself ではなくて、**「For the company——会社のために」**という気持ちです。社長も従業員もその気持ちを持って働いているかどうかです。

それがなかなかできず、社長が公私混同していては、部下は働かなくなります。経営者自身も後ろめたい気持ちがありますし、会社も儲からなくなります。儲からなくなると、社長は給料が十分に取れません。そして給料が取れないから、余計に公私混同してしまい、会社のお金を使いたくなる。ますます、会社がおかしくなる。この悪循環です。

良い循環を作り出したいなら、皆が For the company と「会社のために」という気持ちで働くことです。そのためには、まず社長がそう思うことです。皆が For the company で働けば、当然のことながら For myself で仕事をしているより、ずっと儲かります。でも、そのためには、まず社長の姿勢が重要なのです。

儲かってたくさん給料を取って、この分の支払いは会社のお金にするか自分のお金にするかと疑義のある場合は、すべて自分のお金で払ってください。経営者の行動に公私混同が無くなると、会社は間違いなく良くなります。

それはサラリーマン社長でも、オーナー社長でも一緒です。サラリーマン社長であっても、社長になれば止める人がいませんから、自分に都合のいいことばかりやっている人も少なからずいます。でも、そんな経営者のいる会社は絶対にダメになります。公私混同を、社長がいかに止められるかが、とても重要なのです。

これに関して、いくつか話をしなければならないことがあります。まずはFor the companyということは、For the divisionでもないということです。

真のリーダーとは、会社全体のことを考えて発言できる人

私は10数社の会社の役員をしていますから、月に10社程度の役員会に出席しています。そこでよくあるのは、社長に指名されるまで発言しない役員です。変なことを言うと突っ込まれていやだから、だんまりを決め込んでいる人です。

また、ときに見かけるのは、役員として、本当なら会社全体のことを考えて発言しなければならないのに、自分の所属する部門の代表者として、自分の部門に都合のいい事しか言わない人がいることです。本来なら、役員として自分の部署には多少不利なことであっても、会社のために全体を見て発言しなければなりません。しかし、それができる役員は本当に少ないのです。

私が役員のそういうところを常々観察しているのには、一つの理由があります。コンサルタントとして様々な会社に関わっていると、どこかの会社の経営者から、

「誰を自分の後継者にすればいいと思いますか」

という相談を受けることがあるからです。

そんなこと社内の人間には相談できませんし、かといって社内のことを全く知らない人に聞いても仕方がありません。そこで、私たちのような社外の取締役や監査役など、会社の内情を何年も見てきた人間には相談しやすいのでしょう。

そういうとき、私は決して「○○さんが良い」とは言いません。それは、その人の運命や会社の運命を大きく左右することであり、社長が決断すればいいことだからです。そこで、こうアドバイスします。

「これまでの発言を見ていて、自分のことしか言わない人か、それとも会社全体のことを思って、少しくらいは自分や自分の部門が不利になることでも、やろうと言ってくれた人かどうか、という基準で判断すると間違わないですね」

つまり**For the companyであって、For the divisionではない**ということです。

一番良い会社とは、社長から新入社員に至るまで、自分がやっていることは本当にFor

the company なのかを考えて行動をしている会社です。そのためには、新人の頃から、「お客さま第二」を前提に会社全体のためになるか考える習慣を身に付けるようにさせなければいけません。これも訓練で向上します。

公私混同しない

そもそもトップが公私混同していたら、下の人間は For the company の気持ちを絶対に持たないのです。

私の会社は私を入れても10人の小さな会社ですが、それでも経営者として、公私混同には細心の注意を払っています。

例えば、私は会社に早めに出社し、朝7時頃に来ることもあります。会社は9時始まりですが、それまでにお客さまに礼状を書いたり、時には原稿や友だちにはがきを書いたりと、プライベートな用事も済ませてしまいたいからです。

そのとき、お客さまへの礼状なら、はがきを書いて秘書に渡せば出しておいてくれます。けれど、自分の友達にはがきを出す場合は、50円をはがきと一緒に秘書に渡すのです。それはプライベートなことだから、たった50円でも会社のお金を使わないという意思表示になります。

そういう小さなことから公私混同しないことが、とても大事なのだと私は思っているのです。

50円くらい会社で払っておけばいいじゃないか、という気持ちもあるでしょう。けれど、それは違います。50円だからこそ、自分で払わなければいけません。上の人間がそれをしていると、下の人間も同じことをし始めます。小さなところから会社はおかしくなるのです。

部下がやっても許せるかどうかが判断基準

それから、本書を読んでくださる方の中には中小企業の経営者がたくさんいらっしゃると思うので、特に注意しておきたいことがあります。それは、車について。中小企業の経営者には、会社の車をプライベートで使っている人が多いのです。会社の車で家族旅行へ行ったり、ゴルフへ行ったりということを平気でしています。

それぐらい良いじゃないか、と思うかもしれませんが、それこそ公私混同の最たるものです。それを当たり前に考えているから、会社を大きくできないし、レベルの低い会社から脱却できないのです。

公私混同かそうでないかの基準は、とても簡単。同じことを部下がやっても、許せるかどうかです。

例えば、部下が営業車を使って休みの日に家族でディズニーランドへ行ってもいいという会社だったら、自分も会社の車を使ってゴルフにでもどこでも行けばいいと思います。けれど、部下には絶対に許さないのに、自分なら私的に使っていいと考えているなら、部下は「なぜ社長の車のために働かなきゃいけないんだ」と思うでしょう。

どうしても、会社の車をプライベートでも利用したいなら、購入費の1割を自分で払えばいいのです。さらに維持費の1割を、自分で負担してください。

そして、もしここまでの話を読んで、そんな細かいことまでしなければいけないのかと思った人は、社長には全く不向きです。社長を辞めた方がいい。そのままでは会社は大きくならないどころか、衰退の一途です。

一方、なんて自分はラッキーなんだと思えた人は、会社を伸ばす経営者の素質があります。例えば、1000万円のレクサスを100万円で買えると思ったら、こんなにラッキーなことはないはずなのです。逆に「100万円出さないといけない」とケチなことを思っている経営者だと、会社全体もケチな会社になって、うまくいかないわけです。

車の購入費や維持費の1割を出せば、部下は文句を言いません。今までそうしていなかったとしたら、「社長は変わったな」と部下は思います。「良い社長になったな」と思うのです。1割負担して、「社長は悪い人になったな」と思う部下はだれもいません。

公私混同をしない。それはつまり、自分をいかに律せられるかです。

そういった訓練を、経営者の多くは受けていません。こういうことが「帝王学」なのです。多くの社長は気にもしていません。気にしていたとしても、気にしていないふりをしています。でも、それが公私混同だとは、だれも言ってくれないのです。

それは、「経営」のもう一つの仕事である「人を動かす」にもおおいに関係します。部下を動かし、また自分が経営者として100パーセントのエネルギーを出すためには、正しいことをやっている、「正々堂々」としていられることが大切であり、そのためには公私混同を絶対に避けるべきです。

松下幸之助さんは、松下電器七綱領というのを定めていました。その中の一つに「公明正大」と書いておられます。これは「正々堂々」と同じ意味で、誰にも後ろめたい気持ちを持たないということです。公私混同を、絶対にやらないということです。お金の使い方はもちろん、人事異動なども、本当にそれが会社にとってベストなのか、For the companyになっているかどうかを基準で行なうのです。

ただし、For the companyを、自分に都合よく拡大解釈しないでください。

例えば、経営者の気分が悪いと会社がうまくいかないからと、夜の銀座へ出かけていって、会社の金をぱーっと使うことをFor the companyだと言ってしまえばそれまでですが、では同じことを部下がやっても許せるでしょうか。あくまでも、それが判断基準です。

私利私欲だけでは会社は続かない

中には、「私利私欲で会社を始めるものじゃないか」と言う人もいるでしょう。それは確かにそうかもしれません。私なども偉そうなことを言っていますが、最初は食べるためだという要素が大きいことは否めません。食べていくためだったり、お金持ちになりたいという動機から、会社を興した人も多いでしょう。

だから、最初はそのために必死に頑張るのです。必死に頑張るから、ある程度はうまくいく。しかし、問題はそこからなのです。そこそこうまくいったときから、その後、食べるのに困らなくなった後、それでもお金のために働くのか、それとも、仕事にもっと高い目的や目標を見いだせるかで、仕事の質やレベルが上がるかどうかが決まるのだと思います。

良い仕事をする

「利益」というものは「結果」です。経営者として仕事を続けていれば、そのうち分かるようになりますが、私利私欲だけでは会社は続かないのです。ある一定のところまでは頑張れても、そこから本当に会社を大きくできるかどうか、社会から評価されるかどうかは、もう一段階上に上がる必要があります。考え方のレベルを上げる必要があるのです。

大切なのは、良い仕事をすることです。良い仕事をすれば、その結果、お金がついてきます。**良い仕事をして、お客さまに喜んでいただいて、従業員さんにも喜んでいただいて、社会に貢献して、その結果儲かる**――そういう気持ちになれるかどうかです。良い仕事をして、良い会社をつくれば、自分も豊かになる。その豊かさは「結果」です。豊かになることを目的に仕事をしているうちは、本当には豊かにはなれません。仕事が手段で、手段としての仕事はそのうちに荒れてくるからです。経営者は、それに気づかなければいけないのです。

気づけないうちは、単に私利私欲で突っ走るだけですから、そのうちに、お客さまも、従業員も、誰もついてこなくなります。なぜなら、お客さまは、会社を儲けさせるためにいるわけではないからです。お客さまは、自分にとって一番良い組み合わせのＱＰＳがほしい、ということだけなのです。その会社が儲かるかどうかなど、知ったことではありません。

良い会社をつくる

私はよく、東京—名古屋間を新幹線で移動します。しかし、新幹線に乗っているときに「JR東海を儲けさせてやろう」なんて考えてはいません。おそらく、そう考えている乗客は一人もいないでしょう。時間通りに東京に着いてくれないかなとか、隣に変なおじさんが座らないといいなとか、それくらいのものです。

お客さまが求めているのは、QPSの組み合わせだけなのです。その会社をいくら儲けさせるのかなど、全然知ったことではありません。皆さんだって同じではないですか。

ある時点で、経営者はもちろん、そこで働く従業員も、自分の仕事に対する考え方を高める必要があります。欲だけでは続きません。私利私欲だけでは仕事のレベルが上がらないのです。

「欲を持て」とよく言いますし、確かにそうですが、その欲を「良い欲」に変えていかなければいけません。つまり**「良い仕事をしよう」という良い欲を持てば、会社はうまくいく**のです。私利私欲という欲でも、最初はエネルギーが出ますから少しは儲かるかもしれませんが、いずれ続かなくなります。

私利私欲を「良い欲」に変えていけるかどうか。つまり、「良い仕事しよう」という欲に変えることが大切なのです。「良い仕事をしよう」ということを目的にできるかどうか、「良い会社をつくろう」ということを目的にできるかどうか、ここを乗り越えられるかどうかが、本当に良い会社、別の言い方をすれば、結果として儲かり続ける会社となるかどうか、経営を実践でアドバイスする上で、そして経営者が実際に経営を実践していく上で、避けられない大事なステップなのです。


有名な大企業の経営者でも、晩節を汚す人は結構います。それは、私利私欲が原因です。取り巻きから良い話しか入ってこないようになってしまい、そのうち何が正しいかが分からなくなってしまうのです。私利私欲が当たり前になってしまうのです。

ここを乗り越えられるかどうかが、良い会社をつくれるかどうかの大きなポイントとなるのです。

利益は結果です。**良い会社をつくれば、結果として儲かる**のです。会社とはそういうものです。でも、ここを乗り越えられずに、お金儲けのため、自分の私利私欲のためだけに経営していると、どこかで限界がきます。そして会社は、どんどん悪い方向へ回り始めま

図4 良い仕事をしよう、良い会社をつくろうを目的にする

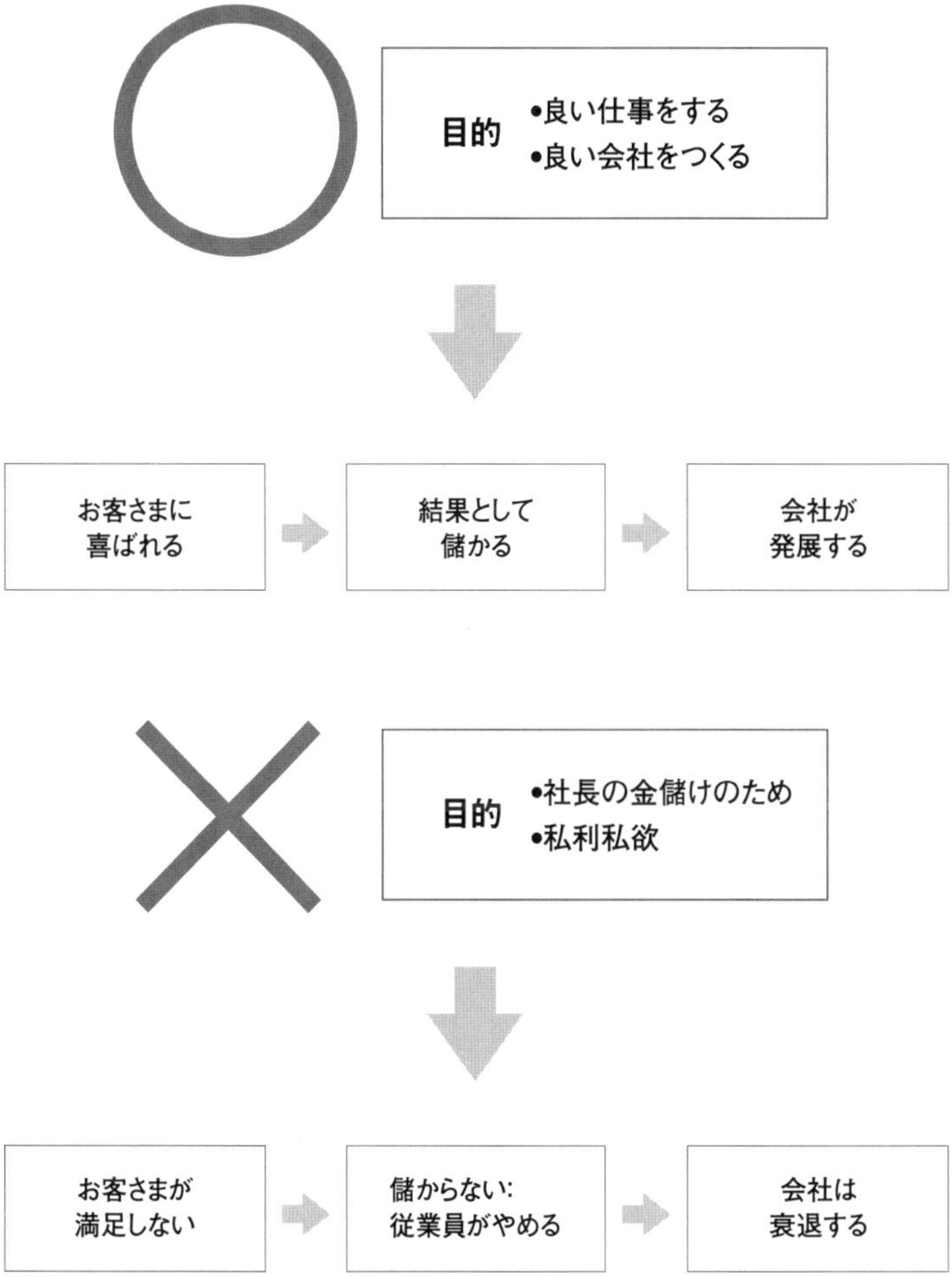
目的
•良い仕事をする
•良い会社をつくる
お客さまに
喜ばれる
結果として
儲かる
会社が
発展する
目的
•社長の金儲けのため
•私利私欲
お客さまが
満足しない
儲からない:
従業員がやめる
会社は
衰退する

す。こればかりは、自分で乗り越えるしかありません。

それには、仕事とか経営ということに関して、自分の天職、天命だと信じて、良い会社をつくることを目的にできるか。つまり、良い仕事、良い会社をつくった結果、自分が潤うのだということが分かれば、本当に素晴らしい経営者になります。もちろん、経済的にもそのほうが豊かになります。「考え方」が正しいからです。

人を動かす

人を動かすというのは、これにすごく関連することなのですが、これは最後の章で詳しくリーダーシップのことと一緒に説明します。

お客さま第一を徹底する

結局、**お客さまのために、という気持ちで働けるかどうかがすごく大切**です。お客さまにとって「良い仕事」をするということが大事なのです。

従業員がいない会社はもちろん成り立ちませんが、お客さまがいない会社もやはり成り立ちません。お客さまから利益を得られない会社は、存続できないのです。お客さまがいないのに、従業員がどんなに優秀でも、いくら頑張ってくれても、どうにもなりません。社長として大事なことは、**いかに「お客さま志向」の会社をつくれる**か。つまり、お客さまのために、という気持ちで働き、お客さまにとって「良い仕事」をする会社とすることです。お客さまは、お客さま志向の会社が好きだからです。

けれど、ここで一つ間違わないでいただきたいことは、お客さま第一は儲けるための「手段」ではないということ。お客さま第一で仕事をすれば儲かるから、という気持ちで「お客さま第一」をやってもうまくいかないのです。

実は、「お客さま第一」をそこそこやっているのに、倒産する会社があるのです。この事実は、長年、経営コンサルタントとしての私の悩みでした。経営において、特に今のような供給過剰の時代においては、「お客さま第一」を実践しない限り会社はうまくいきません。ところが、それをやっているのにうまくいかない会社があります。そこそこまでは売り上げも伸びるのです。ただ、それが続きません。場合によっては倒産します。

伸びる会社は「お客さま第一」が目的になっている

その理由が、最近やっと分かりました。「お客さま第一」を儲けるための「手段」にしている会社と、「お客さま第一」そのものを「目的」としている会社の差なのです。

「お客さま第一」の話をどこかで聞きかじってきて、儲けるために、部下に対して「『お客さま第一』をやろう」と言ってやらせる。そうすると、ある程度は儲かります。ただし、それは「お客さま第一」が儲ける手段になっているから、儲かってしまえば「そろそろいいか」となってしまうのです。もしくは、より効率的に儲ける手段を考えるのです。

途中で伸びなくなる会社は、大抵はそれが原因でした。「お客さま第一」をある程度やるのだけれど、儲かったらより効率的に儲ける方法を考える、あるいは、儲けたお金をどうやって使うかといったことに、興味が変わってしまいます。お客さまは、効率的に対応されるのを嫌います。手を抜かれたくないのです。

けれど本当に良い会社は、「お客さま第二」が目的になっているのです。お客さまのために、最良のQPSを常に提供し続けることを目的としていれば、終わりがありません。それが伸び続ける会社と、そうでない会社の差なのです。

良い仕事をすることが目的なのか、良い仕事をすることが手段なのか。手段にしている会社は途中までは伸びるけれど、そこから伸びなくなります。場合によっては倒産することもあります。目的か手段かを間違ってはいけないのです。

従業員は毎日楽しく仕事をしているか

これは最後の章の話とも関係しますが、働く人がルンルン気分で働き続けられるかどうかも、これと深く関係します。

良い仕事をすることをずっと目的にしていたら、とにかく良い仕事をしていればいいわけですから、従業員さんは楽しいのです。

働く人が会社にルンルン気分で来られるのは、仕事が好きだからであり、ひいては、良い仕事を目的としているからに他なりません。もし仕事が、お金を稼ぐための手段でしかなかったら、お金を稼ぐまでは楽しいけれど、ある程度稼いでしまったら「もうこんなものでいいか」と思ってしまいます。それか、お金の亡者になるかどちらかです。いずれにしても仕事は儲けるための手段でしかありません。

一方、いつもいつも「良い仕事をしよう」と思い続けていたら、当然のことながら、いつまでもルンルン気分で仕事ができるはずです。そうして、どの従業員さんもルンルン気分で、良い仕事をすることをずっと追い求めている方が、間違いなく結果として儲かるのです。お客さまは良い仕事をしてくれる会社が好きですから。

「お客さま第一」を目的にしている会社は、それができます。だから永遠に発展し続ける、永遠に儲かり続けるのです。でも、「お客さま第一」を手段にしている会社は、結局は伸びません。ある程度儲かったら満足して、儲かったお金をどう使おうか、余暇をどう使おうか、という話になってしまいます。

良い仕事をしなければ儲からない

数年前、知り合いのある社長が、

「小宮さん、そんなに稼いでどうするの？　別荘でも買って、人生楽しまなければ」と私に言いました。確かに、本業であるコンサルタントの他に、本の執筆もしていますし、講演にもたくさん呼んでいただいています。そんなに働いて楽しいのかと、その社長は言うのです。

つまりこの社長は、お金を稼ぐことが目的になっていました。仕事はそのための手段なのです。案の定、数年後、その会社は潰れました。世の中はそんなに甘くありませんから、社長の考え方が間違っていれば、それ相応の結果になってしまいます。

私は何も、他のことを楽しむなと言っているのではありません。私だって年に何度かは休暇を取りますし、稼いだお金はある程度は使っています。それはそれで、とても楽しいことです。でも、稼ぐことが目的ではありません。あくまで、良い仕事をすることが目的なのです。

ただし、甘ったれてはいません。**良い仕事とは、結果として稼ぐことができる仕事**だと思っています。稼げない仕事など、人が十分には評価していない仕事ですから、良い仕事ではないのです。稼ぐために仕事はしていませんが、稼ぐことができるくらい良い仕事をしなければならないのです。良い仕事かどうかは、人が評価するもので、自分で自己満足していてはダメなのです。評価するのはあくまでもお客さまです。

「目的」と「目標」の違い

何度も「目的」と言ってきましたが、そもそも「目的」とは何でしょう。
それは**「存在意義」**です。目標とは、その通過点です。
私は講演にいらっしゃったお客さまに、ときどきこのように問いかけます。

「あなたの人生の目的は何ですか?」

突然こう聞かれるとたいていは皆さん、困った顔をするものです。そのとき、私が助け船としてお話しするのは、たとえば私の場合は家族がいるから、「家族を幸せにする」というのが目的の一つです、というふうに説明します。目的はいくつあっても構いません。

たとえば、次の休みに家族を箱根に連れて行こうと計画したとします。それは「目標」です。つまり、「家族を幸せにする」という目的を達成するための通過点です。

では、これまで家族を5回、箱根に連れて行ったからといって、目的を達したかと言ったら、そんなことはありません。目的というのは存在意義であり、「家族を幸せにする」という目的は永遠に続くのです。

これで、目的と目標の違いは分かっていただけたかと思います。

企業の目的は何か

それでは、企業として目的をどこに置けばいいのでしょうか。これはとても大切なことです。それこそが、企業の存在意義だからです。

本来、企業は良い商品やサービスを社会に提供し、お客さまに喜んでいただくことを、目的の一つとしています。さらに、それを通じて一緒に働いてくれる仲間を幸せにすることも、目的の一つです。地域社会に貢献することも存在意義です。企業の「目的」です。その目的達成のために、お客さまに喜んでいただけるような商品やサービスを提供して、今年は「50億円の売上高をあげましょう」とか、その結果「2億円の利益を出しましょう」というのは、「目標」なのです。

つまり、「50億円売ろう」というのは、50億円分良い仕事をしてお客さまに喜んでいただこうということ。それを目標に設定することは、社会に貢献しようとする目的と何一つ矛盾はないし、良い仕事をしようとするとき、それを尺度として「50億円分売れるくらい良い仕事をしましょう」と考えるのが目標の役割でもあります。

数字が目的化してしまう会社は危ない

ところが、多くの会社が間違ってしまっているのは、「50億円売ろう」「2億円の利益を出そう」という、本来なら「目標」とすべきことが、「目的」化していることです。つまり、部下に対して「数字を出してこい」という話にどうしてもなってしまいます。そうすると、働いている人が疲れてくるのです。

詳しくは後の章に譲りましょう。

ただ、目的を追求することが、とても大事であることだけはこの時点でよく理解しておいてください。「お客さま第一」、つまり良い仕事をすることを目的にできるかどうか、さらに目的にし続けられるかどうか、ここが働く人をルンルン気分にし、会社が継続的に繁栄するかどうかの大きなポイントなのです。「お客さま第一」を手段と考えてしまうと、会社は一時的には儲かっても、いずれうまくいかなくなってしまいます。

そんなこと理想論だと思う人がいるかもしれません。ある程度ビジネスをやっている人はそう思うかもしれませんね。でも、そう思っているうちは本当には儲かっていないはずですし、働いている人もそれほど楽しくないはずです。お金のためだけに働いていて、それでいてたいして満足感を得ていないですし、大多数の人は、たいして稼いでいないからです。その最大の理由は、考え方が間違っているからです。正しい考え方さえ持てば、ルンルン気分で働けますし、そして儲かるのです（もちろん、儲けは良い仕事をした結果です）。

小さな行動を徹底する

もっとも、「お客さま第一」が大切ですよ、と言うだけではコンサルタントは食べていけません。「お客さま第一」を目的にする会社をつくり上げるには、どうすればいいのでしょうか。次に、そのことを説明しましょう。

それは、「小さな行動を徹底する」ことです。

たとえば、私はどんなときでも「お客さま」あるいは、「お客さん」という言葉を使います。社内で部下と話をするときも、講演会でも、出版社からインタビューを受けるときでも、必ず「お客さま」と言います。こういった「小さな行動」を徹底するのです。

その他、例えば大切なお客さまに対してはどんなときも「さん」付けでお呼びすることもそうです。弊社では、掛かってきた電話は3コール以内に必ず取ること、そして「有難うございます。小宮コンサルタンツです」と受けることを決めています。どれもとても小さな行動ですが、それを徹底できるかどうかが、実はすごく大事なポイントなのです。

私の所に来られる経営者からのご相談の中で、多いのは、

「『お客さま第一』の会社をつくるにはどうすればいいですか」

「従業員の考え方を変える、高めるには、どうすればいいですか」

というものです。

もちろん、従業員の皆さんの「考え方」が良いほうに変わるのはいいことですが、難しくもあります。そもそも「考え方」が良くなったかどうかなど、測りようがありません。つまり、分からないのです。

我々コンサルタントの世界では、よく「メジャラブル」という言葉を使います。「測定可能」という意味で、何事も測定できるところまで落とし込まなければいけない、と考えます。考え方が高まったかどうかはメジャラブルではありませんが、例えば行動は、やっているかやっていないかは見ればすぐに分かります。ですから「お客さま第一」の考え方を徹底するためにも、行動に落とし込む必要があります。

もっと言うと、お客さまは実は、従業員の「考え方の向上」など求めていません。従業員の意識が高かろうが高くなかろうが、掛けた電話に早く出てくれた方がうれしいわけです。気持ちよく挨拶をしてくれることの方が、うれしいのです。それは別に、従業員の思想が高まっているかいないかという問題とは関係ありません。

さらに言えば、「お客さま第一」を徹底しようとしている会社が、コールが10回以上鳴っているのに電話を取らないなどということがあれば、お客さまからすればとんでもない話でしょう。つまり、お客さまが求めているのは、「小さな行動」なのです。働く人の意識などではありません。

ですから、まずとにかく**「小さな行動」を徹底させることが大切**です。

私が「小さな行動」の大切さに気がついたのは、剣道や空手、茶道や華道など「○○道」と付くものが、全て型から入ることにヒントを得ました。

剣道であれ茶道であれ、型を身に付けるために、同じ行動を何度も何度も繰り返します。つまり我々凡人というのは、同じ行動を何度も繰り返すことによって、意識や思想が高まっていくのです。もちろん何万人かに一人は、もともと高い意識を持つ人もいるでしょう。そういう人なら訓練など必要ないわけですが、しかし、ほとんどの凡人が彼らと同じだけのものを身に付けるには、同じ行動をとにかく何千回、何万回と繰り返すことしかありません。

そうすると、あるときに意識が目覚めてくるのです。

意識が高まるに越したことはありませんが、お客さまが求めているのは従業員の意識などではありません。「小さな行動」なのです。

だから、とにかくそれをやらせ続ける、やり続ける必要があります。

リーダーの持つ「甘さ」と「優しさ」は違う

ただ、「小さな行動」をやらせ続けることは、簡単ではありません。

実際、電話が鳴りっぱなしになっている会社などいっぱいあります。出たとしても、応対が悪い会社も珍しくありません。それは、そうならないようにやらせなければいけないのです。3コール以内に取ること、丁寧に応対することを、経営者や上司という立場にいる人が従業員にそれをやらせることができるかどうか。それが会社が成功するかどうかの一つの分岐点です。

「小さな行動」を従業員にやらせるためには、まず、自分が「指揮官先頭」でやることです。部下にやれといっても、自分がやっていないなら、部下は心の中で「あなたこそやりなさい」と思っているのです。まず、自分がやること。そしてそれができるようになったら、次にやらせること。やらない部下には、やるように言わなければなりません。**やっていない人に対して、リーダーが「やりなさい」と言えることが大事**なのです。

リーダーの持つ「甘さ」と「優しさ」は違います。「甘さ」というのは、その場しのぎです。「こんなことを言うと、この人がかわいそうだ」とか、「注意すると、自分が恨まれるんじゃないか」と考えて言わずに済ませてしまうのは甘さです。

一方、**リーダーが持つ「優しさ」とは、中長期的にみんなを幸せにしてあげられるかどうかということ**。お客さまを幸せにして、自分も含めて働いている人達を幸せにできるかどうかは、リーダーが持つ「優しさ」にかかってきます。

もし「甘さ」というコインがあったら、その裏側は「冷酷」です。リーダーが甘いことばかり言っていると、組織はいずれダメになるからです。「優しさ」というコインがあったら、その裏側は「厳しさ」です。やはり言うべきときには、厳しいことも言わなければいけません。

ただし、厳しいことを言うには勇気がいります。では、その勇気はどこから出てくるのでしょうか。

正しい信念を持つ

私は、勇気は信念から生まれると考えています。つまり、この会社を良くして、お客さまに喜んでいただいて、働いてくれている人にも幸せになってもらおうという信念があれば、厳しいことも言えるのです。

しかし「しばらくの間、うまくいけばいい」とか「小言を言うと嫌がられるのではないか」といったような考えでは、厳しいことは言えません。

リーダーにとって大事なことは、**「正しい信念を持つ」こと**です。

「正しい信念を持つ」——この言葉の中には、キーワードが二つあります。それは「正しい」と「信念」です。世の中には正しくない信念だってあります。「この会社は、俺のベンツを買うためにある」と経営者が信じていたら、それだって信念です。「社長一族が繁栄するためにこの会社は存在する」というのだって信念です。でも当然、正しい信念ではありません。人はついてきません。

そうした意味で、経営者にとって「正しい信念」をいかに身に付けられるかは、とても重要なことなのです。

長く読み継がれた本から学ぶ

そのために私がお薦めするのは、何千年も読み継がれた本を読むことです。

例えば、『論語』や『老子』などの中国の古典や、『聖書』や『仏教聖典』でもいいでしょう。長く読み継がれた本です。原典に当たるのは難しくても、今は読み下した良書が沢山あります。最近の方の本であれば、松下幸之助さんや稲盛和夫さんなど、多くの人が素晴らしいと認める本を読むことで、「正しい信念」は身に付いていくのです。こういう良い本を何度も何度も読むことです。

「正しい信念」がない経営者は、どこかでコケます。間違った信念であっても、持っていれば勇気は出るのです。ホリエモンだって村上ファンドの村上さんだって、一時は稼いでいました。それだけのエネルギーが出ていました。でも、その内にあるものは間違った信念だったから、逮捕されてしまったのです。

悪いことをして儲けようとするなら、誰だって儲かります。野球の試合で、バッターボックスに立つ打者全員にビーンボールを投げれば、相手チームの選手がいなくなって勝てるのと同じです。でも、いずれどのチームも対戦してくれなくなるでしょう。それは間違った信念だからです。

とにかく長期的に成功したければ、つまるところ「正しい信念」を持つことです。

ただし、「正しい」という意味は独り善がりではなくて、何千年もの間多くの人に支持されてきた思想を身に付けるということです。これは、人間として一番大事なことでもあります。ビジネスで成功するしない以前の問題です。

そして、ビジネスもまた人間の活動の一つですから、「正しい信念」を持っているかどうかは、長期的に人がその経営者を支えてくれる、その会社を支持してくれる大前提であり、**会社が成功するかどうかは、リーダーが正しい考え方を持っているかどうかに掛かっている**ところがすごく大きいと言えます。きれいごとのように聞こえるかもしれませんが、私が多くの会社や多くの人を見てきて間違いないと思っていることです。

良書をたくさん読む

「正しい信念」は、一朝一夕には身に付きません。勉強あるのみです。長く読み継がれている本や、多くの人が「良い本だ」と認める本を読むことをお薦めします。それを積み重ねていくことが大切なのです。

もし何から読み始めていいか分からないという人のために、いくつか紹介しておきましょう。私がいつも薦めるのは、松下幸之助さんの『道をひらく』です。私は100回以上読みました。今でも我が家の勉強机の上に置いてあり、寝る前に読みます。見開き2ページで1項目が読めるので読みやすく、短い時間で素晴らしいものを沢山吸収できます。

その他にも、良い本は沢山あります。渋沢栄一翁の『論語と算盤』や安岡正篤先生の書かれた『論語の活学』などもお薦めです（詳しくは、拙著『ビジネスマンのための「読書力」養成講座』（ディスカバー携書）に詳しく書いてありますので、参考にしてください）。

私がお薦めする本が、読者それぞれにぴったり合うかどうかは分かりません。大切なのは、自分に合う本を見つけることです。

ただし、繰り返しになりますが、長く読み継がれた本であることが重要です。聖書でもいいし、仏教聖典でもいい。結果的に長く繁栄している会社、長く尊敬されている人というのは、正しい思想を持っています。正しい信念を持っています。「正しい」というキーワードが大切です。信念はもちろん、それが「正しい」ものでないと、うまくいきません。

「教える」ことと「伝える」こと

社長の「考え方」が会社全体に伝わるかどうかは、とても大切です。

なぜなら、「考え方」が間違っているから会社がうまくいかないという例が、すごく多く見られるからです。

さらに、多くの会社の社長が間違っていることの一つに、「教えること」と「伝えること」の二つを分けていないことがあります。

「教える」とは、たとえば機械を販売している会社であれば、機械の仕組みや使い方についてはどの従業員さんも知っておかなければなりません。だから、それについては教えなければいけないのは当然です。また経理部の人には、経理の仕組みや会社の伝票の仕組みなどについて、教えなければ仕事ができません。

つまり「教える」というのは、頭で理解してもらうことです。理屈です。場合によっては、何らかの本を読めば、教えるべきことは書いてあるはずです。

もちろん「教える」のは、会社にとって欠かせないことです。けれど、もう一つ大切なことがあります。それは、「みんなで幸せになろう」「会社を成功させることで、社会に貢献しよう」といった「考え方」は、「教える」のではなくて「伝える」ことだということです。この二つは、分けて考えなければなりません。

うまく教えることも大事ですが、それは本やＤＶＤなどの媒体を使うことで覚えてもらうこともできます。しかし「伝える」というときは、自分の「気持ち」を伝えなければいけないのです。

では、どういうときに自分の気持ちが人に伝わるのでしょうか。

それは、人に伝えるべきことを、自分が信じたときです。信じてもいないことを言っても、相手には伝わりません。

私は経営コンサルタントとして、会社の経営に必要となる技をお教えします。けれど本当に大事なことは、経営者、経営幹部が「正しい考え方」ができるように手助けすることです。

信念が確立していない経営者はうまくいかない

私が今ここに書いていること、これから書いていくことの全てを、私自身は正しいと信じています。成功への一番の近道だと、信じています。講演などでよく「小宮さんは感情的に話をしますね」と言われますが、それは実は「伝える」ことをメインに話をしているからです。教えようとしているのではないのです。教えても伝わらないのです。

経営者として大事なことは、教えることとは別に、自分の気持ちや考え方を伝えられるかどうかです。そのために、自分の「信じるところ」は何なのかを確立していない限り、伝わりません。そして正しい考え方が伝わらないと、会社は長期にわたってはうまくいきません。それは多くの会社を見てきて間違いないと、私は確信しています。

この本でお話ししていることは、教えること、つまり経営の技としての部分も含まれますが、伝えることにもまた大きく重点を置いています。だからタイトルは『社長の教科書』としているのです。頭のいい人は教えることだけ、つまり自分が頭で理解した理屈だけで会社をやれると思い込んでしまっています。でも、そうではありません。経営者の気持ち、考え方、信念といったものがきっちり確立し、それを伝えない限り、伝え続けない限り、会社はうまくいかないのです。

それについては、社長になりたいと思う人なら、社長になってからというより、社長になる前から「正しい努力」の積み重ねを行なって、考え方を確立していくことが大切です。考え方や信念が確立されていれば、技は後からでも覚えることができます。場合によっては、技はお金でも買えるのです。経理のことが分からなければ、会計士を雇えばいいのです。戦略のことに関しては、コンサルタントを雇えばやってくれます。最終的な判断は経営者がしなければならないとしても、その段階までは専門家にやってもらうことができます。でも、考え方はそういうわけにはいかないのです。

とにかく、**「教えること」と「伝えること」の両方ができることが、経営者が成功する条件の一つ**と言えるのです。

「ダム経営」を心がける

考え方に関連して、経営者が持つべき考え方の一つとして、松下幸之助さんは「ダム経営」を挙げておられます。

「ダム経営」とは、どういう意味でしょうか。ダムに水が貯まっていると、日照りの日が続いても、下流に安定して水や電力を供給することができます。会社も同じように、ヒト、モノ、カネにいつも余裕を持った経営をしましょう——というのが、「ダム経営」です。

そのためには、良いときに貯めておく習慣をつける必要があります。良いときに貯めておかないと、不況の時代が来たときに安定した経営ができません。サブプライムローン問題に端を発した大不況で、身に染みた経営者が沢山いたことでしょう。良いときに必ず貯めておいて、しんどいときにも安定した経営ができるようにしなければならないのです。

私がお手伝いさせていただいている会社の中に、機械の販売とメンテナンスを請け負っている会社があります。ところが不況で、機械が売れなくなってしまいました。不況のため、お客さまは設備投資をしなくなります。それどころが、自分の会社をやっていくのが精一杯なお客さまも多いのです。

しかし、その会社は、良いときにお金を貯めておいたことで余力があったのです。

一方、余裕のないお客さまは、耐久年数が過ぎてしまった機械であっても、1年でも長く使いたい。そこで、この会社は困っておられるお客さまのために、何ができるかを考えました。機械は買っていただけないので、その分社内では人が余り気味になります。

そこで、お客さまのところへ出向き、機械を買ってもらうのではなく、今ある機械を1年でも半年でも長く使えるようにメンテナンスをして差し上げるようにしたのです。

そうすると、お客さまはとても有難いと思ってくれる。つまり、お客さまのために良い仕事ができたことになるわけです。

景気が良くなったときにはお客さまは機械を買い替えます。その場合、景気が悪かったときに親切でメンテナンスをしてくれている会社が選ばれるのです。いわば、景気が良くなったときに誰が勝つかは、景気が悪いときにすでに決まってしまっているということです。これは「ダム経営」がもたらすものです。

もし、会社に余裕が無かったら、不況になったとき、商品は売れませんから従業員を減らさなければならないだろうし、資金の回収に時間を取られてお客さまの所を回っている暇などないでしょう。お客さまに親切にしている余裕などないのです。いざ景気が回復したときには、人はいないしお金は無いし、お客さまには見捨てられている。次の勝負は決まっています。

経営とはそういうものです。だから、良いときも悪いときも安定して経営ができることが大切なのです。

もちろん、景気の波には勝てません。どんなに良い会社であっても、業種によっては不景気になれば買ってもらえないものは買ってもらえないのです。そんな辛いときでも余裕を持てるかどうかは、実は〝良いとき〟にかかっているわけです。

利益よりキャッシュ

この「ダム経営」に関連して大切なことの一つは、利益よりキャッシュを重視してほしいということです。ピーター・ドラッカーも同じことを言っています。

ドラッカーは、そこそこ成功している会社の経営者が犯しがちな間違いの一つとして、キャッシュより利益を優先することだと述べています。それはなぜかというと、上場している会社は特に、投資家やマスコミなどから「利益がいくら出ているのか」について、まず注目されるようになります。営業利益、経常利益、当期純利益、一株当たりの利益……周りの目がその辺りに向くのです。

それは、間違いではありません。ただし、会社というのは「キャッシュ」が無くなったときに潰れるのです。これは大変重要なことです。会計の章でも詳しくお話ししますが、利益とキャッシュフローは違うのです。もちろん利益はキャッシュの源泉ではありますが、必ずしも利益とキャッシュは一致しません。

経営者は、とにかくキャッシュを厚くしておくという経営をしなければならないのです。何度も言いますが、**会社はキャッシュが無くなった時点で潰れます。**お金が無くなったら潰れるのです。

また、表面的には利益が出ていても、キャッシュがなくなると経営者は不安になってしまいます。「資金繰り第一」になるのですが、そうなると「お客さま第一」どころではなくなります。そんな経営者をたくさん見てきました。


余談ですが、私は、サブプライムローンの危機が起こる前から、米国の住宅バブルが崩壊するだろうという話をセミナーで繰り返してきました。それがどれくらいの影響を起こすか分からないけれど、大変な事態になる可能性があるので、「資金ポジションを上げておかなければならない」と私のお客さまには言い続けていたのです。

なぜなら、キャッシュが無くなると会社が潰れるからに他なりません。ですから、キャッシュポジションの低い会社は、借りられるうちに借りておいた方がいいとアドバイスしたのです。景気が悪化し、どこも資金繰りが厳しくなっている状態でお金を借りたいと言っても、借りられませんから、事前に借りておくようにとアドバイスしていたのです。今になって、そのときのことをいろいろな方から感謝されます。

資金ポジションをある一定以上に保つということは、会社経営において必ず守らなければならないことです。先ほども述べましたが、多くの経営者を見てきましたが、資金繰りがしんどくなるとどんな人も「お客さま第一」などと言っていられなくなります。「資金繰り第一」になるからです。そうなったら悪循環の始まりです。お客さまがそっちのけになりますから、お客さまは余計に離れていってしまい、余計儲からない。

会社にはいつもヒト、モノ、カネの余裕を保っておくことが、経営者には求められます。

もっとも、余裕を持ったら、その余裕に甘んじるのではなく、精神的余裕があるときに必ず「お客さま第一」を徹底しなければなりません。そうすると良い循環が生まれますから、余計にお金が入ってくるのです。「お客さま第一」は目的です。

とにかくキャッシュポジションを高めておくこと。そうすることで、精神的余裕を持っておくこと。これがとても大切なことなのです。

では、一体どのくらいの余裕を持っておけばいいのでしょうか。

それについては会計の章でお話しします。

明日のために投資する

私は「未来投資」という言葉が好きです。

本当に良い会社をつくれば、儲かります。しかし、その儲けを全て貯め込んだり、経営者が懐に入れるのではなくて、将来のために使わなければなりません。

経営者にとって大事なことは、今日のオペレーションをどうしようと考えることもその一つですが、目の前のことに関してはある程度は部下に任せられます。

でも、部下が絶対に肩代わりしてくれない経営者の仕事があるのです。それは、5年後、10年後にこの会社をどうしようか、と考えることです。もし、そんなことまで考えてくれる部下がいたら、かなり貴重な存在ですが、そうそういるものではありません。そして他の誰が考えてくれなくても、とにかく経営者は考えなければならないのです。

未来のために何をすべきか。

それを考えるとき、忘れてはいけないのは、「絶対に当たるビジネスなど存在しない」ということ。それが分かった上で、儲けで得た資金を将来のために投資する必要があるのです。

ピーター・ドラッカーは、経営者がやるべき事として次の三つを挙げています。

第一に、**「現在の事業の業績向上」**。つまり、今の事業をもっと深掘りしようということです。そのためには「徹底」や「継続」が必要です。これができなければ、他のことをやっても成功しません。

次に、**「機会の追求」**です。今あることを一歩進めた新しい商品を作ったり、既存商品の延長線上にあるような商品を作ったり、地域的な拡大をするなどを意味します。

その後に**「新規事業」**。文字通り、全く新しい事業を始めることを指します。

ドラッカーはこの三つを、この順番で行なうべきであるとしたのです。

ビジネスとは「市場における他社との競争」

「今のままでいい」という考え方は間違っていますが、だからといって新しいことを必ず始めなければいけないかというと、そうではない。まずは今の事業をもっと深掘りするためにできることはないかを考えることが必要です。

ビジネスとは、「市場における他社との競争」と定義されます。

♕ 図5 ドラッカーが提唱する経営者がやるべき3つの事

1. 現在の事業の業績向上

**既存の事業、市場、商品サービスを
もっと深掘りする。**

2. 機会の追求

**現在よりも一歩進めた商品やサービスを開発したり、
販売地域を拡大するなど。**

3. 新規事業

**まったく新しい事業を立ち上げる、
まったく新しい商品やサービスを始める。**

市場と他社とを見て、外部環境を分析してみれば、もっとやれることは必ずあるはずなのです。

一方、市場の無い分野では勝てません。レコードの需要がほぼ無くなった市場で、レコード針を作り続けていても細々とは生き残れても、隆々たる企業にはなれません。もちろんレコードが少しでも残っている限りはレコード針の需要もゼロにはなりませんが、以前と同じ需要では絶対にないはず。そのように市場を見極めることが必要です。

逆に、市場が十分にあれば、ライバルに勝てる要素は何かしらあります。それをどうやっていくかを経営者は考えなければいけません。

このとき、重要なポイントとなるのは先にも述べましたが、「徹底」ということ。徹底していけば、現在の市場でももっと深掘りできます。もっとも、自社商品がすでに市場の60パーセントほどのシェアを持っていて、これ以上になると独占禁止法に触れるというのであれば、市場を深掘りしようがないでしょう。けれどほとんどの会社は、そんな状況にはありません。そして、このような場合でも、徹底や工夫により、利益率を改善することは可能です。

だから、どんな場合でも「徹底」する必要が出てくるのです。実は、この「徹底」というのはビジネスを成功させる上でのキーワードなのです（ビジネスだけでなく、人生成功のためのキーワードでもあると私は思っています）。

「徹底」の差が利益の差になる

この「徹底」の説明を講演などでするとき、私はよくセブン－イレブンを例に挙げます。セブン－イレブンは全国に1万2000店舗を構えるコンビニエンスストアです。さらにセブン－イレブンは、1日1店舗あたり約60万円の売上げをあげています。

一方、ローソンやファミリーマートなど2位以下のコンビニエンスストアはというと、大体50万円くらいの売上げです。つまり、毎日2割も売上げが違っているわけです。

セブン－イレブンとその他のチェーンと、何が違うのでしょうか。

実は「徹底」の差なのです。

もしよければ、セブン－イレブン・ジャパン会長の鈴木敏文氏が書かれた『商売の原点』（講談社）をお読みになられるといいと思います。この本の冒頭は「基本四原則を徹底する」という見出しでこう始まります。

品ぞろえ、鮮度管理、クリンリネス（清潔）、フレンドリーサービス――これが私どものサービスにおける基本四原則です。（中略）

こうした基本的なことができていないのに、他のことをやろうとして、お客様に店にきてもらえるわけがありません。

そして、いかにこの四原則を徹底することが大切であるかが語られるのです。

この基本四原則は、実はコンビニ業界で成功するためのキーファクターであり、他の会社も百も千も承知なのです。そして、他のコンビニチェーンもセブン‐イレブンと同じようなことをやっています。目隠しをしたままコンビニエンスストアに入って、どこの店だか言い当てられる人などそうはいないはずです。

それなのに、売上げは毎日2割の違いがある。では何が違うのかと言うと、「徹底」の度合いなのです。同じようなことは他の店もやっているかもしれないけれど、**「同じようなこと」は「同じこと」とは違います**。この「ような」の3文字が入るか入らないかの差がすごく大きいのです。それが徹底の差なのです。

どの会社も何をやればいいかは知っているけれど、それを従業員にやらせることができるかどうかが肝心なのです。他より一歩踏み込んだことができるかどうかの差なのです。

店の清潔感一つ取っても、例えばコンビニの前には必ず灰皿がありますが、それが汚れていたら店長がすぐに飛んでいって綺麗にできるかどうか。よく見ていると、セブン‐イレブンの店舗はそれがきちんとできています。また、セブン‐イレブンの店員には茶髪の濃い人は見かけないものです。

ちょっとした差が大きな差になる

そういったちょっとしたことなのですが、お客さまはとても敏感で、そのちょっとしたことの差がとても大きな結果の差になります。

それから、品切れが少ないのも特徴です。セブン‐イレブンに行けば、欲しい物がちゃんとあるという安心感があります。そもそもコンビニエンスストアには35年以上の歴史があり、しかもご存じのようにPOSシステムが導入されているので、統計的にはほぼ完ぺきなデータがそろっているはずです。ですから、品切れなどめったに起こらないはずなのです。○月○日の気温が△度の時に、どの商品がどれだけ売れるということが、統計的に分かるはずです。

ただ、統計上では表われないこともあります。一つは新商品が次から次に出てくること。コンビニでは新商品でも5日も売れなければ、店頭から姿を消します。そのため、どんどん新しい商品が出てきて、統計では分からないことが起こります。

もう一つは、イベントです。近くの小学校で運動会があったり、PTAの会合があったりすれば、お弁当や飲み物はいつもより売れるでしょう。そういうときに、そういう情報を事前にキャッチしておけるかどうかです。突然、雨が降りだしたような場合もそうです。傘を置いていないコンビニなどありません。しかし、その傘を入り口から一番近いところや、場合によっては外から見える位置に置き直せるかどうか。そういうちょっとした「徹底」で、毎日の売り上げに2割の差が出るのです。

売り逃しをできるだけ少なくする

どんな経営者であっても、自社の売り上げは知っています。でも、「売り逃し」は知りません。会社がいくら売り逃しているかを知っている経営者は、ほとんどいないのです。だからといって、売り逃しを集計するというのもまた、私は時間のムダだと思います。それは学者がやればいい話で、経営者として大事なことは、売り逃しをいかに無くすかということです。

そのためには、品揃えが重要なのです。それも、売れ筋商品をどれだけ揃えておくかということです。

必要な商品をお客さまが求めているときに、それがあるかどうかが大事なのです。コンビニエンスストアの場合、そのためには店長が、近隣の情報だとか、お天気の状況だとか、そういうものを見極めて発注できるかどうかにかかっています。

おそらくその能力が、セブン‐イレブンの店長と他のチェーンの店長とは平均値で違うのだと思います。もちろん、他のチェーンの店長の中にも、優れた店長はいるでしょう。しかし、セブン‐イレブンは全体が優れているから、全体の売り上げが1店舗ずつ毎日2割も違うという結果になるのです。

そしてそれは、繰り返しになりますが、「同じようなこと」と「同じこと」が違うからであり、徹底できるかどうかの差なのです。ドラッカーが「既存の事業の業績向上」と言ったのはそれなのです。新しいことに挑戦しなければならない、明日のために投資しなければいけないのも確かだけれど、まずは今の事業の深掘りをしなければなりません。それができないと、機会を追求しても、ましてや新規事業を始めても、うまくいかない。ベースのところでの基本姿勢が、やはり重要だからです。

そして、現在の事業の徹底や深掘りも、「挑戦」だということです。

経営者に信念があり徹底できるかの違い

そしてまた、ここでも、「小さな行動」を徹底してやらせるということを、リーダーがやれるかどうかが重要になります。つまりは勇気が必要で、そのベースとなる信念が必要だというところに落とし込まれます。

逆に言うと、それがなくて戦略思考だけとなると、会社はうまくいかないのです。確かに戦略は必要条件であり、方向付けが間違っていれば競争を勝ち抜くことはできません。「方向付け」が間違っていれば会社は成り立たない。けれど、**本当に会社がうまくいくかどうかは、その裏にお客さま第一をベースとして「徹底」や「信念」といったキーワードがあるということを、経営者が分かっているかどうか**なのです。

そして、ほとんどの社長はそれを知りません。

知っていても十分にはできてはいません。

頭の良い人は特に、頭で経営できると思ってしまいます。頭が良いに越したことはありませんし、色々なことが理解できて便利ではあります。しかし、「信念」や「徹底」、さらには「教えること」と「伝えること」の違いなどができていなければ、結局は社長として成功できないのです。

難しいことではありません。自分の信念を持てばいいのです。考え方を持てばいいのです。正しい考え方を持ち、そしてそれを信じて実行していれば、人に伝わります。頭で理解しているだけで、「こういう風に上手いこと言えば、人は動くんじゃないか。金儲けができるのではないか」といった程度では、本当に人を動かすことはできないのです。

第2章

ビジョン・理念が会社の根本

土台は考え方・目標よりも目的が大事

第1章でお話ししたように、その会社が強い会社かどうかは、「企業の方向付け」、つまり他社との違いを出すための戦略を見出さなければいけないわけですが、それは必要条件で、それだけでは十分ではありません。

「考え方」の大切さを説明してきましたが、「ビジョン」や「理念」に基づいた戦略が作られているかどうかということです。

会社が利益を出さなければならないのは当然のことですが、もし、金儲けのためだけ、つまり、儲けることだけが「目的」の戦略を立ててしまうと、働いている人が続かなくなってしまいます。

儲けるためだけの会社に命をかけてまで働いてくれる人は少ないでしょう。それは使命感がないからです。経営者にとって、良い仕事をすることで、その結果儲かる会社をつくろうとすることが、正しい考え方です。

「儲けるための会社」と考えていると、結局は儲かりません。そんな会社をお客さまもそこで働く人たちも好きではないからです。

ビジョン・理念——つまり「考え方」を貫き通している会社こそが、実は成功しています。

これは、私が言い出したことではありません。『ビジョナリー・カンパニー』（ジェームズ・C・コリンズ／ジェリー・I・ポラス著、日経BP社）という本にそのことは詳しく書かれています。ビジョナリー・カンパニーとは、文字通りビジョン・理念をしっかり持っている企業を指します。その本の冒頭では、そういった会社と、比較対象としてビジョン・理念がそれほど明確でない会社の長期にわたっての投資利回り——つまり、どちらの会社の株を買えば儲かるかについて、調査した結果が説明されています。

結果として、ビジョナリー・カンパニーの方が、そうでない会社より6倍以上も投資収益が高かったと言います。つまり、お金ばかりを追い求めた会社より、ビジョン・理念を追求した会社の方が、長期的な投資利回りが高かったということです。そして、長期的な投資利回りが高かったということは、会社自体も儲かっていたということになります。ビジョン・理念を追求していた会社の方が、「結果的に」儲かっていたということなのです。

このように、「結果的に儲かっていた」ということが、とても重要です。企業の目的、つまり存在意義をしっかり確立、徹底できている会社の方が、お金儲けだけを追い求めていた会社よりも、結果として成功するということなのです。

同じことが、マックス・ヴェーバーが書いた『プロテスタンティズムの倫理と資本主義の精神』にも書かれています。社会学を勉強する人なら誰でも一度は読む本ですが、その冒頭は、「プロテスタントを信仰する地域の方が納税額が多い」という話から始まるのです。

その理由は、プロテスタントにとって働くこと自体が、神への奉仕とされているからだとヴェーバーは解説しています。だから、人々は一生懸命働きます。すると、結果として儲かる。儲かるから納税額が多くなる、という循環になるわけです。

『ビジョナリー・カンパニー』と同じことなのです。ビジョン・理念を追求することは、いわば良い仕事をしようと努力することでもあります。そして、それを追求している会社の方が、お金儲けを追求している会社よりも、実は結果的にずっと儲かっているのです。

私が経営コンサルタントとして現場で多くの会社を見ていても、儲けることばかり重視している会社よりも、**「良い仕事をしよう」「お客さま第一を徹底しよう」ということを追求している会社の方が、結果的に儲かっている**というのが実感です。働いている人達も、お金を目的にしている会社より、良い仕事を目的にしている会社の方が、生き生きとしています。そちらの方が人から褒められて楽しいからです。

会社にとってビジョンとは、存在意義です。その存在意義をいかに明確にし、徹底するかということが、経営者に求められるのです。

社長のセルシオのためには働けない

私が、ここまで、ビジョンや理念にこだわるには理由があります。

多くの会社を見てきて、さまざまな経験をさせていただいていますが、強烈な経験をすることもあるからです。

私は以前、倒産直前の会社で研修をした経験があります。実際にその研修をして、わずか半月後にその会社は倒産しました。12、13年前のことです。その研修では、従業員の皆さんに一人ずつ、まず話をしてもらいました。研修をした私も、そして従業員さんたちも会社は危ないことを分かっていました。

その時、ある若い女性社員が言った一言を、今でもよく覚えています。私はこの言葉を一生忘れないと思います。私にとっては経営の原点の一つとも言えます。

「社長のセルシオのために働いていると思うと、アホらしくて働けない」

とその若い女性社員は言ったのです。

人は、社長のセルシオのためには働いてはくれません。もっとも、会社が問題なく業務を行なっているうちは、皆が皆望んですぐに独立できるわけでもないし、もっと良い会社に転職できるわけでもありませんから、嫌な会社でも、嫌な上司がいても、給料さえ払えばある程度までなら人はついてきてくれます。給料分くらいは働いてくれます。

けれど、会社が傾き始めたとき——給料も満足に払えなくなり、ボーナスもカットになって、会社がいつ潰れるか分からないという状況の中で、従業員が会社のために働いてくれるかどうかは、社長や会社の志、つまり、会社のビジョンが確立して、徹底しているかどうかにかかっているのです。彼女の一言を聞いたとき、私はそれを痛切に感じました。

ビジョン・理念を確立し、徹底する

良い会社とは、ビジョン・理念、考え方が徹底している会社を意味するのです。

ただビジョンや理念がある、というだけでは不十分です。大切なことは、それらを働く人すべてに徹底しているかどうか。ビジョンは会社の存在意義であり、それが本当に会社全体に徹底されていれば、「働きがい」が生まれます。「自社の仕事を通じて社会に貢献すること」や「それを通じて働く人が幸せになること」が会社のビジョンであると誰もが理解していれば、そのために頑張ろうと思うことができるのです。

でも、それがお金のため、社長の高級車を買うためとなったら、命をかけて頑張ろうと思う人などまずいないでしょう。ゼロだとは思いませんが、そうそういません。だから経営者として、ビジョン・理念を確立し、徹底することが重要なのです。

ところが、こういう話をすると、「ビジョン・理念を作らないと、儲からないんだな」と間違った方向に考えてしまう人も少なくありません。そういう気持ちで安易にビジョン・理念を作っても、それはうまくいきません。何度も言うように、**ビジョン・理念は「目的」であって、儲ける手段ではない**からです。

また、例えば「お客さま第一」や「社会への貢献」をビジョンとして掲げてはみたものの、社長がそれを信じて、先頭に立ってやろうとしなければ、結局は逆効果になってしまいます。朝礼で「お客さま第一が大事だ」「社会への貢献を志そう」と語っておきながら、すぐその足でゴルフ場へ行っているようでは、従業員はビジョンや理念を「社長が儲けるための方便だ」と思いますから、誰もついてこないでしょう。これなら、逆効果です。

まずは、ビジョン・理念を自分が信じ、先頭に立って実践していこうとすることが大切で、そういう気持ちを経営者が持って自分が実践したとき、初めてそれが生きてきます。経営者自身がビジョン・理念を実践しようとすることが大切なのです。

形だけ真似をしても意味はないのです。むしろ、形だけ真似るくらいなら、やらない方がいいくらいです。嘘が入り込むほど、余計に人がついてこなくなります。

ビジョンは自分の頭で考える

「自分の目が黒いうちは、絶対にこのビジョン・理念は変えない、絶対やり抜く」——そのくらいの信念を持ったときに、社内にそれを発表してください。部下というのは、よく上司を見ているものです。ですから、ビジョンや理念がなければいけないと思って、焦って不確定なものを発表してしまうと、逆効果になります。

しかし、今は激動の時代ですから、ビジョン・理念が確立・徹底していないと、会社は長期的にはうまくいかないでしょう。そして安易に作ってしまえば、やはりうまくいきません。

言い方を変えるなら、社長の信念の問題なのです。信念とは、自分の目が黒いうちは絶対に変えないものです。その信念を、自分の中で確立していくしかありません。

コンサルタントである私に「我が社のビジョンや理念を作って欲しい」と頼まれても、それはできません。もし「ビジョン・理念をお作りします」というコンサルタントがいたら、真っ赤な偽物です。人の信念を代わりに考えてあげるなどありえません。

中には、ビジョン・理念をＣＩ（Corporate Identity：コーポレートアイデンティティ）の一つ、つまり会社のロゴと同じくらいに考えている人もいますが、それは全く「経営」を知らない人です。

信念は、自分で作るしかありません。何度も言いますが、コンサルタントが会社のビジョンや理念を作るなど、あってはならないことです。そのきっかけを作るくらいであれば、できるかもしれません。戦略立案ならお手伝いできます。戦略とは、ビジョンや理念を追求するための手段です。そういうことは、コンサルタントが得意とするところです。

会社のビジョン・理念を作ることは、経営者以外の誰も肩代わりできないことです。経営者が自分で信念を持つしかないのです。

ビジョン・理念が会社の求心力になる

ビジョンや理念を徹底することで、会社に何が起こるのでしょうか。

一つは、働く人の指針になること。つまり、会社の求心力になるのです。

会社の求心力を「社長」の存在そのものにしてしまうと、社長が交代したときに会社は求心力を一気に失ってしまうことになります。カリスマ経営者が陥りがちな間違いが、まさにこれです。そうではなく、**会社の求心力を「考え方」に置く**のです。その考え方を言葉として具現化したものの代表がビジョンや理念なのです。

つまり、社長が交代しても、たとえ社長が不在であっても、自分はどういう行動を取るべきかという求心力として、ビジョンや理念が存在するのです。ですから、ビジョンや理念は単なるお題目ではなく、それを働く人たち全員が熟知し、徹底されていなければならないのです。

例えば、「お客さま第一」という考え方が社内で徹底していれば、別に社長にお伺いを立てなくても、こういう状況になったらどう対応すればいいかは、従業員にも分かります。そういう基本的な考え方を徹底しておくということが、指針としてとても役立つの

♕ 図6 ビジョン・理念が会社の求心力になる

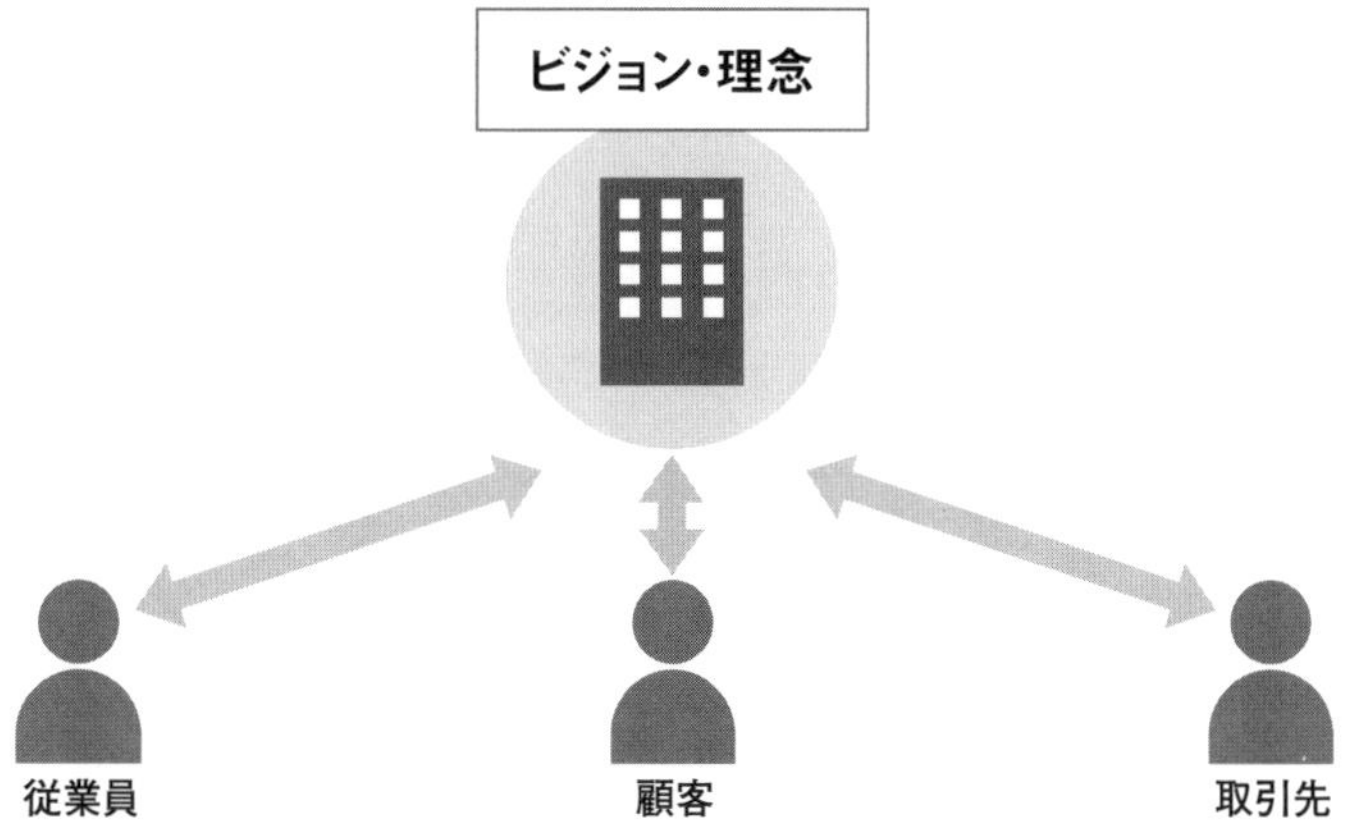

です。

J&Jのクレド

その良い例が、ジョンソン・エンド・ジョンソンです。この話は『ビジョナリー・カンパニー』で紹介されています。

1982年に米国イリノイ州のシカゴで、当時ジョンソン・エンド・ジョンソンが販売している薬の中で最も売れていたタイレノールという頭痛薬に、毒薬が混入されるという事件が起きました。この薬は、ドラッグストアで売られている一般薬でした。犯人はタイレノールを購入し、封を開け、薬瓶から取り出したカプセルに毒薬を入れて、再度瓶に戻し、封をして、ドラッグストアの棚に置いたのです。その毒薬入りタイレノールで、7人が瞬く間に亡くなりました。

私がこの話をよく覚えているのは、事件が起こってから数年後に私が米国に留学したとき、ビジネススクールでよくこの事件のケースが取り上げられたからです。おそらく米国で、私と同年代の人達は今でも記憶に残っているであろう、全米を震撼させた事件でした。

そのとき、タイレノールの販売元であるジョンソン・エンド・ジョンソンが、どのような対応を取ったのか。実はタイレノールは、全米で一番売れている薬でした。それでもジョンソン・エンド・ジョンソンは、7人の被害者が出た直後に全米のドラッグストアにあるタイレノールのカプセル製品を、採算を度外視してすべて引き上げるという対応策を採ったのです。

さらにこういう事件が起こったときには、模倣犯が出ます。タイレノール事件でも、これを真似た事件が起きました。コロラド州のデンバーで、ジョンソン・エンド・ジョンソンのライバル製品であったブリストルマイヤーズのエキセドリンという頭痛薬に、同じように毒薬が混入されたのです。

このときブリストルマイヤーズが採った対応策は、コロラド州内に限ってのみエキセドリンを引き上げるというものでした。さらに会長が記者会見を開き、投資家に対して「心配はいりません。この事件が当社の収益に及ぼす影響は、それほど大きくありません」と発表したのです。コロラド州というのは、面積はそこそこ広いのですが、経済的にはそれほど大きな州ではありません。つまり、ブリストルマイヤーズにとって経営的なインパクトはそれほど大きくなかったということです。

両社の対応の差が、どのような結果を生んだのか。それは、事件が沈静化してから明らかになりました。

事件後、ジョンソン・エンド・ジョンソンもブリストルマイヤーズも毒薬を混入しやすいカプセル製品をやめ、タブレットに替えました。なおかつパッケージも、一度開けたことがすぐに分かるようなタイプに変更した上で、市場に再度タイレノールとエキセドリンを投入し直したのです。

すると、何が起こったか。それまではエキセドリンを服用していた人も、タイレノールを飲むようになり、ジョンソン・エンド・ジョンソンの業績は以前より良くなりました。消費者はとても敏感で、ジョンソン・エンド・ジョンソンという会社は採算を度外視してでも消費者を守るという評判が立ち、業績が急回復したのです。

事件が起こったとき、ジョンソン・エンド・ジョンソンが、全米で一番売れている薬を棚から引き上げることを決めたことの理由の一つには、当時はもちろん今でもそうですが、米国を代表する超優良企業——ブルーチップスの一つであり、儲かっていて十分なお金があったため、多少の損が出ても問題はなかったという事情があったということは、間違いないだろうと思います。

しかし、その根幹には、ジョンソン・エンド・ジョンソンが自社のビジョンを大切にする会社であり、そういう従業員がそろっていたことがあったのです。

会社の存在意義が徹底して教え込まれている

ジョンソン・エンド・ジョンソンには、長い社是があります。その中の一つに、会社にとっての優先順位が決められています。具体的に言うと、1番はお客さま、2番目は従業員、3番目は地域社会、そして4番目が株主という順番で規定してあるのです。だからこそ、事件が起こったとき、まずはお客さまを守ることが何よりも大切だということになり、薬を引き上げることになったわけです。

さらにもう一つ、社是の中核を成す部分に、ジョンソン・エンド・ジョンソンの存在意義が定義されています。ジョンソン・エンド・ジョンソンは、自社の医薬品を通じて、世界で病気に苦しむ人たちの苦痛を和らげるために存在する――ということが書かれているのです。そしてこの存在意義を、特に幹部の社員たちは若いころから徹底して教え込まれています。

転職する人が多いと言われ、経営者クラスをヘッドハントすることも当たり前の米国において、ジョンソン・エンド・ジョンソンやゼネラルエレクトリック社（ＧＥ）など本当の優良企業では、大抵生え抜きの人がトップになるものです。役員の大半も、生え抜きの社員が占めています。そして、そういう超優良企業から、よその会社の社長になる人も出てくるわけです。ですから、本当に良い会社というのは、新入社員として入社して、若い頃からビジョンをしっかりと教え込まれている人が幹部クラスに沢山います。

事件が起こったとき、当然のことながら緊急で経営幹部会が開催されました。そこで、結論としてタイレノールを全米から引き上げることになったのは、そこに集まった幹部たちに自社の存在意義が徹底して教え込まれていたからです。世界で病気に苦しむ人たちの苦痛を和らげるために存在するジョンソン・エンド・ジョンソンの薬が、自分たちのせいではなく犯人のせいではあるけれども、人を殺している。その事実に、彼らは耐えられなかったのだと言うのです。

そして、どうすればその問題を解決できるのかを考えたとき、自社製品が市場から無くなることが一番の解決策だろうと結論付けた――そのように言われています。

もちろん、先にも言ったように、ジョンソン・エンド・ジョンソンが超優良企業で、とても儲かっていたからそれができたということは否定できないでしょう。もし、商品を引き上げたために会社が潰れるとなったら、その決断ができたかどうかは分かりません。

でも、見方を変えれば、ビジョンや理念を守り通してきたから、超高収益企業になれたということも言えるわけです。さらに、超高収益企業だから余計にビジョン・理念を守れるというように、どちらが鶏か卵かではないですが、良いスパイラルが生まれるのです。

逆に、ビジョン・理念を守らないから儲からず、儲からないから余計にビジョン・理念を守れないとなると、負のスパイラルに陥ってしまいます。

ジョンソン・エンド・ジョンソンは、自社のビジョンを守り通したことによって、超高収益企業であり続けるし、そうであるがために自社のビジョンや理念を守り抜けるのです。

第1章で、松下幸之助さんが提示した「ダム経営」についてお話ししましたが、実はそれと同じことです。我々は人間ですから、余裕が無くなったら「考え方」を守れるかどうかは分かりません。「衣食足りて、礼節を知る」という言葉もあるように、ダム経営によって余裕を持っておくことが考え方を貫き通せる理由になるし、考え方を貫き通すから余計に余裕ができるという、その根本的なところを経営者は理解しておくべきでしょう。

パナソニックとソニーに共通するビジョン・理念の経営

日本でビジョンや理念を固く守っている会社の代表を挙げるとするなら、私はパナソニック（旧松下電器）とソニーの二つだと思います。

『ビジョナリー・カンパニー』では18社の企業が取り上げられていますが、日本の企業として一社だけ登場するのが、実はソニーです。さらにパナソニックもまた、日本を代表するビジョンや理念を守る会社だと私は考えています。

パナソニックには、「ダム経営」はもちろん、いくつかの基本的な考え方があります。その中の一つに、松下電器創業者である松下幸之助さんの「水道哲学」があります。

これは、松下さんの言葉をそのまま借りれば、旅人が田舎道を歩いているとき、喉が渇いて、軒先に水道のある家で、蛇口をひねり、コップ一杯の水を飲んだとします。たとえそのお宅に断りを入れていなくても、コップ一杯分の水くらいのことで、嫌な顔をする人はいるかもしれませんが、あえて咎める人はいないでしょう。なぜなら、それは全国津々浦々に安価で良質な水道水を供給する水道のシステムができているからです。もし水道料金がものすごく高かったら、たった一杯であっても無断で他人に飲まれたら怒るはずです。けれど実際は、水一杯くらい安いものだから、喉が渇いているなら別に構わないかと皆思うのです。

それと同じように、全国津々浦々に安価で良質な家電製品を供給することが松下電器の使命である——これが「水道哲学」です。

昔、まだ私が子供の頃、松下電器はよく「真似した電器」と揶揄されていました。なぜなら、他社が開発した良い製品を真似したような製品を、よく販売していたからです。けれど、揶揄されても松下電器で働く人たちは、むしろそれをプライドに感じていたのです。それは、「水道哲学」に基づいて、非常に高額な開発コストをかけて製品を作るよりも、他社が開発したものをより良く改善して、より安く世に出すことの方が、松下電器の考え方にかなっていたからです。ですから、開発というよりも、改良して良い製品を安く売ることに徹していたので、「真似した電器」と言われても、社員はそれを恥と思わず、むしろ誇りとしていました。

映画会社を買収した松下とソニー

この「水道哲学」を前提とした上で、次のようなことがありました。

1990年前後、松下電器とソニーはそれぞれ、米国の映画会社を買収しました。松下はMCAを、ソニーはコロンビアピクチャーズを買収したのです。当時、日本はバブルの最盛期だったこともあり、それぞれ約6000億円にものぼる高額を支払い買収しました。

余談ですが、「ユニバーサルスタジオ」は、MCAの子会社であり、松下が買収した際におまけで付いてきたものです。そこでそれを大阪に作ろうとなったわけですが、後々松下は映画会社を売却してしまったので、ユニバーサルスタジオ・ジャパンの建設の予定だけが残ってしまう形になりました。それを大阪市が第三セクターとして引き取って、今のUSJがあるのです。

ところが、1993年、松下電器はその映画会社を売却してしまいました。しかも、買収したときの値段より3000億円以上安く、損を出して売却したのです。

一方、ソニーはというと、同じく買収したときほどの価値が映画会社に無くなり、３００億円以上の評価損を出しましたが、売却したりはしませんでした。コロンビアピクチャーズからソニーピクチャーズへ社名を変更し、今でもソニーグループの傘下にあります。

つまり、松下電器とソニーは、同じような状況に置かれながら、１８０度異なる戦略を採ったのです。これは、実は戦略的には１８０度違うのですが、私はどちらも正しい戦略を採ったと考えています。

なぜなら、どちらも自社のビジョンに基づいてその戦略を決めたからです。

ソニーにもやはり創業以来の社是があり、その中核をなすのが、「今までにないもの、世の中にないユニークな商品を作って、日本の文化の向上に貢献する」というものです。これがソニーの基本的な考え方です。他社が作らないようなもの、新しいものを作ることで、日本の文化の向上に貢献する――例えば、私の若い頃であればウォークマンや、失敗はしましたがベータビデオ（後にそれがハンディカムに活かされました）といったユニークな商品をソニーが作り続けてきたのは、この考え方が基本にあるからです。

一方、松下には先に述べた「水道哲学」が基本にありました。パナソニックは毎年1月10日に、大阪に全世界から経営幹部を集めて、経営方針発表会を行ないます。１９９３年、新社長となった森下洋一氏はその場で、「我々は、松下幸之助さんの『水道哲学』の理念に回帰する」、つまり安価で良質な家電製品を全国津々浦々に行き渡らせることが、自分達の使命であると再認識した上で、「映画会社を買収したのは間違いであった」とし、売却を発表したのです。

これは新しい社長の立場から考えれば、自分を選んでくれた前社長の決断を否定するわけですから、非常に勇気のいることでした。しかし、自社が徹底すべきビジョンに照らし合わせれば、３０００億円の損を出しても売却すべきという決断に至ったわけです。

では、ソニーはというと、同じく３０００数百億円の損を出しましたが、新しい商品を出して日本の文化の向上に貢献するのが基本的な考え方ですから、将来コンテンツビジネスや新しい商品を生み出すには、映画会社を持ち続けておいた方が良いだろうということで、売却はしなかったのです。その後、『スパイダーマン』などのヒットで、ソニーピクチャーズは持ち直しました。

自社のビジョンや理念を従業員に浸透・徹底させる

松下電器とソニーは、戦略的には180度違う方法をとりました。ただし、ビジョンや理念が自社の存在意義であり、戦略はそのための手段であると考えれば、私はどちらも正しい行動をとったのではないかと思っています。戦略に固執する必要はないのです。**自分達の存在意義をしっかりと持っている会社は、どんな時代にもブレません。**ビジョンや理念があってもそれがブレてくると、会社はおかしくなっていくのです。またお金儲けを目的にしてしまうと、単に金儲けのためだけの烏合の衆になってしまいます。儲かっている時は良いのだけれど、ちょっと儲からなくなったら、泥船から逃げていくように働く人たちは去っていきます。

ビジョンや理念を確立し、それを常に働く人たちの考え方の中に浸透、徹底しておくことが大切です。パナソニックでは、先ほど述べた経営方針発表会だけでなく、朝礼や昼礼を毎日行なって、「七綱領」の唱和を行なっています。ただ、書いて額に入れておくだけではいけないのです。それでは単なるお題目です。

余談ですが、私は、就職活動する学生さんに良い会社の見分け方の一つとして、面接官に「御社のビジョンは何ですか?」という質問をしなさいと話したことがあります。ビジョンは、「社会に貢献する」「お客さま第一」など、どんな内容でもかまわないのですが、面接官が何も見ずに、スラスラと口から出るかどうかが大切なのです。つまり、ビジョンが浸透しているかどうかを確認するための質問なのです。

もし、面接官が「何だったっけ?」などと言うようでは、その会社は見込みがないので、すぐに面接を終わらせて帰ってきなさいとアドバイスしました。

第3章

戦略立案の基本原則

「外部環境分析」と「内部環境分析」

経営戦略は企業の方向付けですが、戦略を考えるために必要なのは、ビジョン・理念を前提としながら、外部環境と内部環境を分析することです。

「外部環境」とは、企業自身がコントロールできないこと全てを指します。景気の状況もそうです。近年、世界同時不況が起こったことで、2兆円を超す莫大な営業利益を出していたトヨタ自動車でさえ赤字に転落しました。それは、大きな景気循環を、トヨタ自動車ほどの優良企業でもコントロールできないからです。

さらには、人口動態の変化や、環境問題、法律に関わる問題なども外部環境です。鳩山首相が2020年までに1990年比25パーセントのCO_2を削減するという方針を決めましたが、そうした動きは、企業自身がコントロールできるものではありません。

このように、企業自身ではコントロールできないことを「外部環境」と呼びます。

逆に**「内部環境」**とは、自社でコントロールできることを指します。ヒト、モノ、カネ、それから時間や情報などもこれに当たります。資源の限界、制約条件であるとも言えます。

このような外部環境と内部環境を分析した上で、ビジョン・理念に基づいてどういうふうに「方向付け」をしていくか、つまり、先に述べた「何をやって、何をやめるか」ということを決めることが、「経営」の重要な仕事なのです。

外部環境について予想される変化

ここで、皆さんが将来について見極めるヒントとなるように、少しだけ今後の外部環境の変化について、想定される範囲のことに触れておきましょう。

将来的に起こると私が思っていることは、まず工業製品においてはデフレが起こるということです。なぜなら、工業製品は多額の設備投資がかかるものが多いのですが、その償却が膨大な額となります。そして、競争が激しいため、価格競争となりますが、膨大な償却費をカバーするためには、大量に作れば作るほど、1個当たりのコストは安くなり、競争上も有利になります。

しかし、世界中で、各企業が同様のことを考えて大量生産すればするほど、さらに価格が下がるということが起こります。大量に作れば作るほど、競争は激しくなり、物の値段は下がらざるを得ません。

一方、原材料に関しては、新興国が発展していますから、資源価格は上昇します。世界同時不況が終われば、特にそうなるでしょう。

経営が苦しくなるのは、工業製品を製造している会社です。石油化学製品や、鉄など素材に近い産業は値上げを比較的やりやすいのですが、そうでない最終製品、特に工業製品では原材料の値上げを、最終製品の価格に転嫁しづらいという状況が起こると考えられます。原材料のインフレと最終製品のデフレと言った構図です。そういった状況を想定して、将来的な戦略を考えていく必要があります。

他社のマネができない非常に付加価値の高い製品を作れるか、もしくは、コストを下げて生産するノウハウを持つか、あるいはその両方であれば言うことはないでしょう。

これは一つの例ですが、このように現在だけでなく、将来の世の中がどういうふうに動いていくかについても考えなければいけないのです。

ますます加速する高齢化、IT化

少子高齢化についても考えなければなりません。日本では65歳以上を高齢者と呼びますが、今日本の高齢化率は２００９年で22・７パーセント、数年後には25パーセントが高齢者になる、つまり、人口の4分の一が高齢者になると予測されています。社会が高齢社会へと急速にシフトし、子供が減っているという状況を見据えた上で、自社の将来戦略を考える必要があります。

これには、二つの意味での将来戦略が考えられます。一つはお客さまが高齢化していく可能性であり、もう一つは従業員自身が高齢化していくことです。それを踏まえて、自社製品をどう変えていくのか、検討しなければなりません。

10年ほど前のことですが、あるプロパンガス会社の大手に頼まれて、アメリカへアルミ製のボンベを探しに行ったことがあります。なぜかというと、一般的に扱われているボンベは、鉄製で、とても重いからです。従業員が高齢化していくと、重いプロパンボンベは運べなくなってしまいます。そういった事態を避けるための調査でした。

他にも事例はあります。もう随分前から、セメント一袋分の重さが軽くなっています。工事現場で働く作業員が高齢化していることから、持ち運びを軽減するためです。このように従業員の高齢化にも、もちろん会社は対応していかなければいけません。

それから、ご存じのように、時計や携帯電話なども「ユニバーサルデザイン」で、高齢者でも見やすく、誰でも使いやすい製品の開発が進んでいます。これらも高齢化への対策の一つです。

IT化も、この先さらに進んでいくでしょう。10数年前、インターネットを使っている人など、ほとんどいませんでした。しかし今は、ネットを使わない人のほうが少ないでしょう。物を売買したり、情報を得るために、ネットを活用しています。

今後どうなるか分かりませんし、主役がパソコンから携帯電話へ移っていくかもしれませんが、そういう点についても外部環境の変化として、自社の対応策を考えておくべきでしょう。

戦略の基本は「他社との違い」を明確にすること

今の時代で、先に説明したQPS(クオリティ、プライス、サービス)の組み合わせを考えるとき、一番大切なことは他社との違いを明確にすることです。言葉を換えて言えば、「差別化」するということです。クオリティ、プライス、サービスの組み合わせで、他社との差別化を図らなければなりません。

ポイントとなるのは、「今の時代で」という点です。どんな時代でも差別化すればいい、というものではないのです。

例えば、第二次世界大戦後すぐの頃や、１９８０年代後半の日本におけるバブル期などは、需要が供給を上回っていた時代、右肩上がりの時代でした。最近の中国のような状況です。

需要が供給を上回っているときは、実は他社との違いを明確にするより、トップランナーがやっているＱＰＳの組み合わせを、そのまま真似ても確実に売れました。だから、あえて差別化戦略を取らなくても、トップランナーとほぼ同じ物か、できればフォロワーですから若干ＱＰＳを工夫するくらいで、うまくいったのです。

ただし現代の日本、それから今後の中国もそうですが、供給過剰の状態です。特に工業製品はそれが顕著になっています。そして供給過剰になると、他社との違いを明確にしなければ競争には勝ち残れません。トップランナーであっても、いつまでトップでいられるか分からないのが、供給過剰、物余りの時代の特徴なのです。

だから、この時代の方向付けに関しては、クオリティ、プライス、サービスの組み合わせでいかに他社との違いを明確にしていくか、差別化していくかということが、すごく大事なのです。それを念頭に置いておかないと勝てないのです。

自社の強みを生かして差別化する

差別化と言っても、どこで差別化するかを間違えると、かえって失敗してしまいます。大切なのは、**自社の強みを生かすこと**です。

もちろん、お客さまの求めているQPSに合致していなければ、いくら差別化しても勝てませんから、それを見極めることが前提です。その上で、内部環境を分析し、自社の強みを生かした差別化を図るのです。

例えば、大企業と中小企業では、それぞれに別の強みを持っています。

中小企業の強みを挙げるなら、一つは大企業よりもコストが安くできる可能性があることです。特にサービス業の場合は、人件費の面で大企業より安く抑えられます。その他、小回りが利く点なども強みです。

逆に大企業なら、製造業であれば大規模に生産できますから、それだけ製造コストを安くすることができます。規模のメリットが強みになるわけです。

また、中小企業よりもよりクオリティの高い商品を開発する技術もあるでしょう。何より大企業は資本を持っていますから、大規模な資本がなければできないこと、たとえば電鉄会社や、発電所を作る、車を作るなど、中小企業がやりたくてもできないことができるという点もあります。資本の優位性を活かすということです。

この他にも、自社が持っている強みを生かして、優位性をＱＰＳのどこで出していくのかを考えることで、差別化するのです。

逆に言えば、差別化するためには、自社に強みがあることが大前提となるわけです。内部環境を分析し、強みがどこにあるのか、将来にわたってその強みを維持できるのかについての見極めが必要でしょう。もちろん、大前提として、お客さまが求めるＱＰＳの組み合わせを見極めなければなりません。さらには、これからの世の中がどう変わっていくのか、変わった世の中でも自社の強みが強みとしてあり続けられるのかもまた、見極めておく必要があります。

事業ドメインを考える

もっとも、他社との違いを出すことが大切だとは言っても、何でもかんでもやればいいというものではありません。

これはビジョン・理念とも関係することですが、何をもって社会に貢献するかということを、ある程度規定しておくことが必要です。専門的な用語で説明するなら「事業ドメイン」を考えるのです。

ドメインとは「領域」という意味で、要はどこの事業領域で自社が勝負していくのかを、きちんと考えておかないと、会社はうまくいかないということです。

もっと分かりやすく言い換えるなら、自分たちの強みが生かせる領域はどこなのかを、しっかり見極めておくべきだということです。なぜなら、今の時代は「供給過剰」だからです。

物がない時代は、ある程度のＱＰＳの組み合わせを作り出すことができれば、儲けることができました。

しかし、今は供給過剰の時代であり、特に日本は工業製品でもサービス業でも供給過剰になっているので、そこそこの製品やサービスを提供しても売れないのです。

それは、時代を遡って検証してみればよく分かります。

昭和30年代から40年代にかけて、日本では優秀な人達はカネボウや東レ、テイジン、旭化成といった繊維産業へ就職していきました。その後、昭和40年代の前半あたりから、50

年代の前半にかけては、鉄鋼会社のような重厚長大産業へ優秀な人達は就職していったのです。

しかし現在は、それらの繊維を扱っている会社で、繊維産業だけの会社はほとんどありません。東レにしても旭化成にしても、繊維の売り上げは今や10パーセント程度です。東レは元々の社名は「東洋レーヨン」であり、文字通りレーヨンを売っていた会社でした。テイジンは今はカタカナの社名ですが、以前は「帝国人絹」であり、「人造の絹」を扱っていたのです。そういったかつて繊維産業を中心としていた会社は、現在では繊維の売上げが1割程度のところが多いのです。

つまり、こういった会社は多角化したわけです。全てとは言いませんが、ほとんどの会社は多角化に成功しました。そして成功の要因の一つとして、時代背景がとても大きかったと言えます。

一方、鉄鋼会社は、悉く多角化に失敗しました。例えば、鉄を作る時に出る高温の排水を利用してウナギの養殖をするとか、半導体ビジネスに手を出したり、各社が様々な方面に多角化を図りましたが、いずれも失敗に終わったのです。新日本製鐵のスペースワールドなどその最たるものです。この失敗も結局は、繊維産業が成功したのと同じで、時代背景が大きく影響しました。

繊維を扱っていた会社が多角化に乗り出したのは、まだ高度経済成長の時代で、需要が供給を上回っていました。だから、特別に他社との差別化などしなくても、資本を投入して設備投資をし、ある程度のＱＰＳを提供しておけば、何とか商品が売れた時代だったのです。資本優位性が生きた時代です。そういった時代背景の下で、いろいろな事業を行ない、結果として繊維会社は多角化し成長することができました。

しかし、鉄鋼会社が多角化を図り始めたのは、繊維会社の後、昭和50年代に入ってからでした。すでに高度経済成長期は終わり低成長時代に入り、供給過剰が顕著になりかけていたときです。そういう時代になって、後からのこのこと市場に参入していき、そこそこのＱＰＳしか作り出せないような事業を行なったところで、うまくいかないわけです。

自分の得意分野に集中し徹底する

この結果から分かるように、供給過剰の時代において大切なことは、自社の得意を生かせる分野に集中することです。

外部環境を分析し、内部環境を分析して、自社の強みを生かせる分野はどこなのかを知

図7 自分の得意分野に集中する

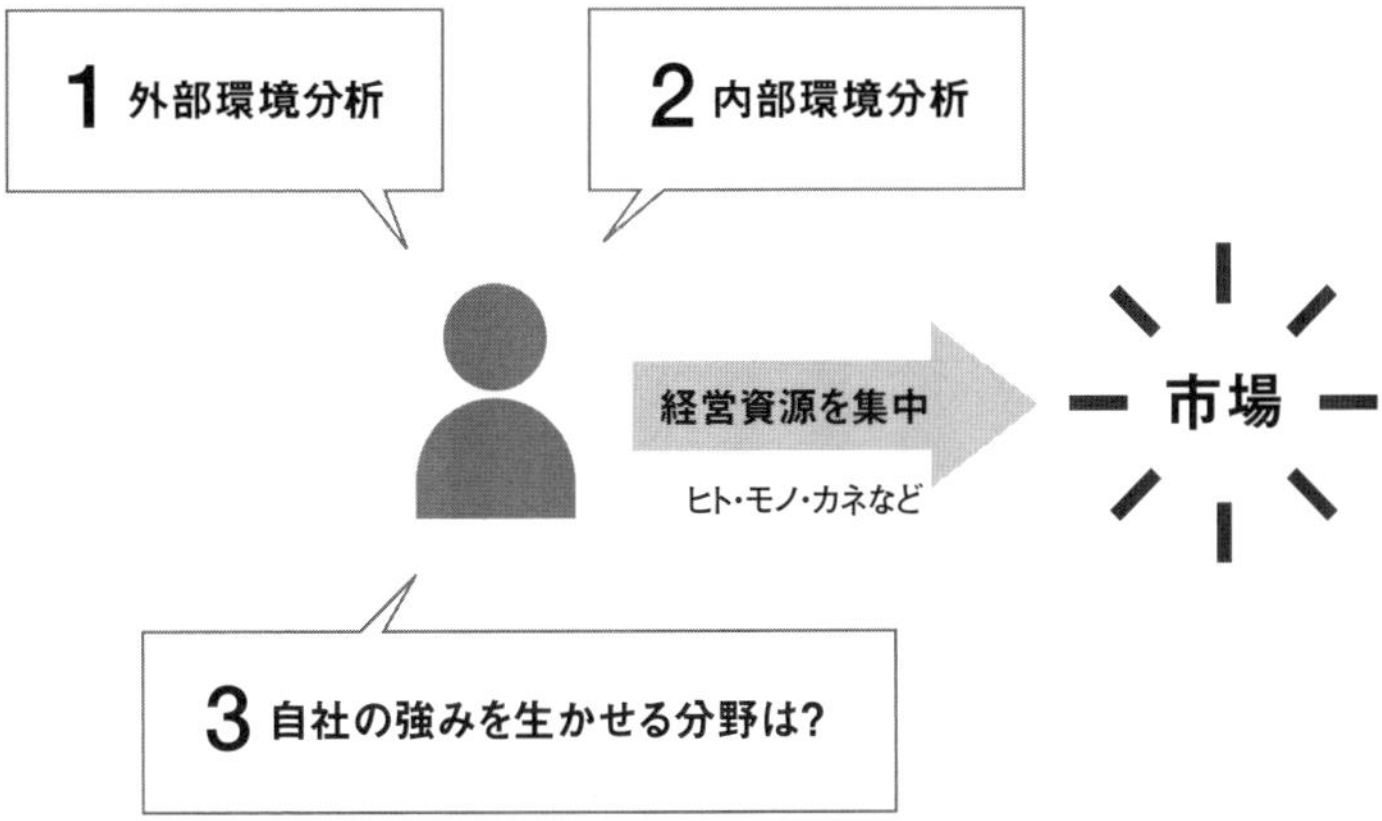

り、そこにヒト、モノ、カネや時間などの資源を集中していく――これを行なわないと、勝ち残っていけない時代になっています。

そして、自社の強みを生かせる分野とは何か、事業ドメインだけでなく、何を本当に得意としているのか、強みとして何を持っているのかを知ることが大切なのです。

例えば、お客さまとの関係がとても強い、営業力が強いという強みがあるなら、ひょっとしたら違う商品だって売れるかもしれません。でも、営業力はそれほどでもないけれど、商品の優位性で今までの販売に成功しているとしたら、他商品を扱ってもそれほど売れない可能性が高いでしょう。

一方、大量生産で他社よりコストを安くできるなら、価格を安くすることで優位性を出せるでしょう。さらに沢山製品を作れば、さらにコストを安くできるのであれば、もしかしたら同業他社を買収して沢山作った方がいいかもしれません。**「コストリーダーシップ戦略」**です。コスト面、ひいては価格において、その業界のリーダーシップを取るのです。

このように、自社の強みがＱＰＳのどこにあるのか、何を強みとすべきなのかを知る必要があるのです。

分析対象は「お客さま」「ライバル」「代替品」「マクロ経済」の四つ

自社の強み、さらに弱みを分析していく中で、外部環境の分析ももちろん行なわなければなりません。

その際には、第１章でもお話ししたように、まず**「お客さまの動向」**を知る必要があります。

「お客さまの動向」を把握する

一つは顧客層全体をつかんで、どのように動いていくのかを知ることです。それから、企業によっては、特定のお客さまにとても影響を受ける場合があります。

例えば、新日本製鐵にとってのトヨタ自動車がそうです。不況によってトヨタ自動車の売上げが急激に落ちると、新日本製鐵も必然的に売上げが落ちてしまいます。それから海運会社にとっても、自動車メーカーの動向はかなりの影響を及ぼします。自動車の生産台数が減れば、それだけ国内外へ運ぶ自動車やパーツの数が減ります。海運会社の仕事が減るということです。

このように、顧客層全体の分析とは別に、ある特定のお客さまに大きく依存している会社の場合には、そのお客さまの動向を把握しておく必要があります。そのためには、お客さまのリサーチなどをして、お客さまをよく知らなければならないのです。

ライバルの動向を知る

次に分析すべき外部環境は、**「ライバル」**です。

お客さまの求めるＱＰＳは変化するということについては、すでにお話ししました。そのとき、ライバルの状況によってＱＰＳの動向も変化するので、自社のライバルについてもよく分析しておく必要があります。また、ライバルが提供しているＱＰＳの組み合わせだけではなく、ライバル社の財務状況や人の状況、経営者の動向なども、きちんと把握しておくことです。

例えば、このところ日本航空（ＪＡＬ）の経営危機によって色々なことが取り沙汰されていますが、ではそこで全日空（ＡＮＡ）がライバル会社であるＪＡＬをどう分析するか、考えてみましょう。

まず、ＪＡＬがこの先、ガンガン投資するなどあり得ません。むしろ、財務状況が悪いのですから、路線の廃止などが進むと予想できます。そういったことが分かれば、ＡＮＡは自社がどのような動きをすべきか、ある程度見えてくるわけです。

しかし、ＪＡＬに莫大な公的資金が投入され、借金も棒引きになり、かえって財務的にとても強くなったとしたら、ＡＮＡが得意としている路線に今後参入してくる可能性も出てくるでしょう。新型機の導入もあるかもしれません。このように、ライバル会社の財務状況などを知っておくことも、自社の動向を決める上で大変重要なのです。

その他にも、仮にものすごく優秀な人材がライバル企業にいることが分かれば、新しい製品を先に開発されてしまう可能性もあります。または、社長がとても高齢で、跡継ぎもいないとなれば、ライバル社が売りに出るかもしれません。そのとき、もし自社がコストリーダーシップ戦略を採ろう、大量に生産した方が余計に売れると考えていたとしたら、あるいは、製造業でなくとも、拡大路線が必要な場合には、ひょっとしたらライバル会社に買収の話を持ちかけてみれば、交渉が成立する可能性だって見えてくるでしょう。

このように、今後の自社の動きを検討するために、ライバルの分析を徹底して行なうことが必要になります。経営者によっては、経営戦略立案に際し、ライバル会社数社の有価証券報告書や東京商工リサーチのデータなどを綿密に分析している人もいます。

代替品が出現するリスクを分析する

分析すべき外部環境の三つ目は**「代替品」**についてです。

例えば、ＣＤの登場によって、レコードがなくなったように、携帯電話の登場により、ポケベルが消滅したように、これまでの商品に代わる新しい商品が登場したために、市場がなくなるという可能性もあるからです。

ほんの数年前までは、携帯できる音楽プレーヤーとなると、ＣＤやＭＤを入れて使うポータブルプレーヤーが主流でした。しかし、今ではこれらを使っている人はほとんどいません。半導体メモリか、ハードディスクプレーヤーに変わっています。このように、代替品が突然出現することによって、自社が扱っている市場がなくなってしまうことが、少なからず起こるのです。

最近では、電気自動車の登場があります。これが普及すると無くなってしまうのが、ガソリンスタンドです。今まで車はガソリンを燃料として走るのが当たり前でしたが、電気自動車になればそれが必要でなくなります。では、ガソリンスタンドが電気スタンドに変われるかと言うと、変われないのです。なぜなら、電気自動車の電気をチャージするのに、現段階で最低でも30分から1時間はかかるからです。ガソリンは数分で給油できますが、電気はそうはいかない。ガソリンスタンドのシステムでは成り立ちません。

そこで、電気スタンドとして参入しようとしているのが、実はスーパーマーケットなのです。スーパーマーケットへ行くお客さまの大半は車で乗り付け、駐車場に止めておいて、買い物をします。ですからその間に、チャージしてしまえば済みます。買い物をするお客さまも、別にチャージのために時間を費やそうとは思っていませんが、結果的に買い物が終わった頃にはチャージが済んでいることになります。そのまま、十分にチャージされた車に乗って帰るだけです。あるいは、プラグインで家庭でチャージできる電気自動車も出るでしょう。

このように、電気自動車が普及すれば、ガソリンスタンドは生きる道が無くなります。生き残る方法として考えられるのは、ガソリンと同じように電気も1~2分でチャージできるようになることです。そういう電気自動車が開発されるかどうかにかかっています。もし当面開発されないとしたら、生き残る道は厳しくなります。

自動車メーカーも大変です。エンジンでなくモーターを使うわけですから、モーター会社が車を作る主導権を握る可能性もあります。

代替品の出現は死活問題になりかねない

代替品が出現することによって、市場は変わってしまいます。淘汰される業界にとっては、死活問題です。

私は病院の顧問もいくつかしていますが、病院の最大のライバルは何か知っていますか。それは、健康です。皆が健康になってしまったら、病院に患者が来なくなるからです。そう考えると、例えばフィットネススタジオなども、病院にとってはライバルでしょう。もしくは、1錠飲めば永遠に病気にならないという薬がもしできてしまったら、病院は必要なくなります（ちょっとこれは今の時点では現実的ではありませんね）。

もう少し現実的な話をすると、京都大学の山中伸弥教授が人工多能性幹細胞（ｉＰＳ細胞）の開発に成功しました。いつ実用化されるのか分かりませんが、それによって万能細胞が製造されれば、これまで完治できなかった病気が治ってしまう時代が来るでしょう。老化も、場合によっては食い止められるかもしれません。老眼になってしまったら、新しい目を作ればいい、という話になるのです。


もっと身近な例で言えば、本もそうです。紙媒体の本は、今後は電子ブックに取って代わられる可能性があります。それが現実となったら、本や雑誌を印刷する会社は仕事がかなり減ってしまうのです。さらに、本の流通も激変します。もちろん紙の本も残りますが、発行部数は大きく減るでしょう。大多数はネット上でダウンロードすることで、本を買うことになるでしょう。

そうは言っても本は無くならない――と思う人も少なくないようですが、実はすでに、電子ブック化が急激な勢いで進む可能性が見えてきています。なぜなら、電子媒体でしかできないことがあるからです。

例えば、すでに実用化に向けて考案を進めている会社があるのですが、電子ブックであれば、本に書かれた内容を検索できるシステムにすることが可能になります。紙媒体では、自動検索はできません。仮に本書であれば、「ＱＰＳ」という言葉に関する情報が欲しいと思ったとき、最初から自分で見直す必要があります。しかし、電子ブックなら「ＱＰＳ」というキーワードで検索をかけて、それにまつわる部分をすべて瞬時に引き出すことができるのです。ハイライトさせるのも簡単です。

また、ある本をリファレンスしていたら、ＵＲＬが掲載されていて、クリックするとその本やデータの概説がすぐに読めるといったことも、電子ブックでならとても簡単にできます。経済書に載っている数値データを、定期的に最新のデータにアップデートすることもできるでしょう。そういった使い方ができると想定されるので、ネットがさらに進んで、ＣＰＵの速度がもっと上がれば、複数の本を一度にダウンロードし、その中をキーワードでぐるぐる検索しながら本を読むようなことだって、できるかもしれません。

今まで法学部の学生は、憲法や民法、商法、刑法などの教科書をそれぞれ購入した上、さらに六法全書や判例集を買って、それを持ち歩いていたわけです。

しかし、それらも電子ブックにすべて落とし込んでしまえば、例えば民法○条の情報が知りたいとき、検索をかけるだけで、民法の条文とその解説やそれに関連する判例の数々を瞬時に引き出すこともできます。今まで何十冊も持つ必要があったのに、電子ブック1冊で事足りてしまうのです。また、法律の条文などはときどき変更になりますが、それもネットで簡単にアップデートできます。

何が起こるかわからない時代

こう考えていくと、何十年も変わらなかった本の売り方も、場合によってはあっという間に変わってしまうかもしれません。実際、私が数年前、出版社の人に「amazonではどれくらい売れるのですか」と尋ねたときは、「amazonなど大したことはありません。ネット販売は、全体の7~8パーセントしかなく、amazonのランキングなど気にする必要はないですよ」と言っていました。

しかし、今では全く正反対の状況になっています。amazonのランキングが上がると、地方の書店がそれに合わせて注文を出すので、ランキングを上げることに各出版社は四苦八苦している現状があります。

このように、どんな業界であっても、今まで考えられなかったような代替品が出てくる可能性があります。何が起こるか分からない時代です。それまで当たり前の状況が、急に変わってしまうのです。ですから、代替品の動向にもきちんと注意しておかなければなりません。同業のライバル社とばかり競っていたら、ある日突然ライバルもろとも業界自体が消滅する、などということも起こり得ます。

マクロ経済の動向に注意

それから、**「マクロ経済全体の動き」**も、もちろん分析すべき外部要因です。景気が悪くなれば、売れる商品も変わります。2009年10月29日、ファミリーレストランのすかいらーくは、最後の一つであった川口新郷店を閉めました。実はすかいらーくに限らず、ファミレス自体の売り上げはすごく落ち込んでいます。

その一方で、餃子の王将や無添くら寿司などは、売り上げを伸ばしました。

その理由は、景気の動向によって、お客さまとなる人たちの給料が減っているからです。所得が減っているから、ファミレスよりも、安いものを簡単に食べられるファストフードや少し趣向を凝らした専門店で済ませてしまおうとする人達が増えています。

また、お総菜や食材そのものの売り上げも伸びています。食品スーパーの売上げは、景気が悪いにもかかわらずそれほど落ちていません。なぜなら、皆が食材や、総菜・弁当といった中食と呼ばれているものを買って、家で食べるからです。

ファミリーレストランは、そういった流れについていけなくなっています。そこで、すかいらーくは業態をより安いメニューを提供するガストに転換して、生き残りを図ろうとしています。もっとも、それでも厳しい状況には変わりありません。

このように、マクロ経済の動向にも注意しておくことが、経営者に求められます（そのためには、新聞を毎日読む事でしたね）。


自社が良い商品を出しているからといって、お客さまの手元にお金がなければ買ってもらえないのです。

逆に、バブル時代のようにお金の有り余っている時代で、多くの人が比較的懐具合が良いときには、お客さまはより高級なものを求めます。そういうことがあるから、経済の動向自体も見ておかなければいけないし、またその中で、第1章でもお話ししたように、少子高齢化といったさらに中長期的な社会の大きな流れについても経営者が読み取っておかないと、会社は勝ち残れないのです。

さらには政治の動向なども分析する必要があります。政権交代や法制度の変更などが会社の経営に大きな影響を与えることも少なくありません。

図8 分析対象は「お客さま」「ライバル」「代替品」「マクロ経済」の4つ

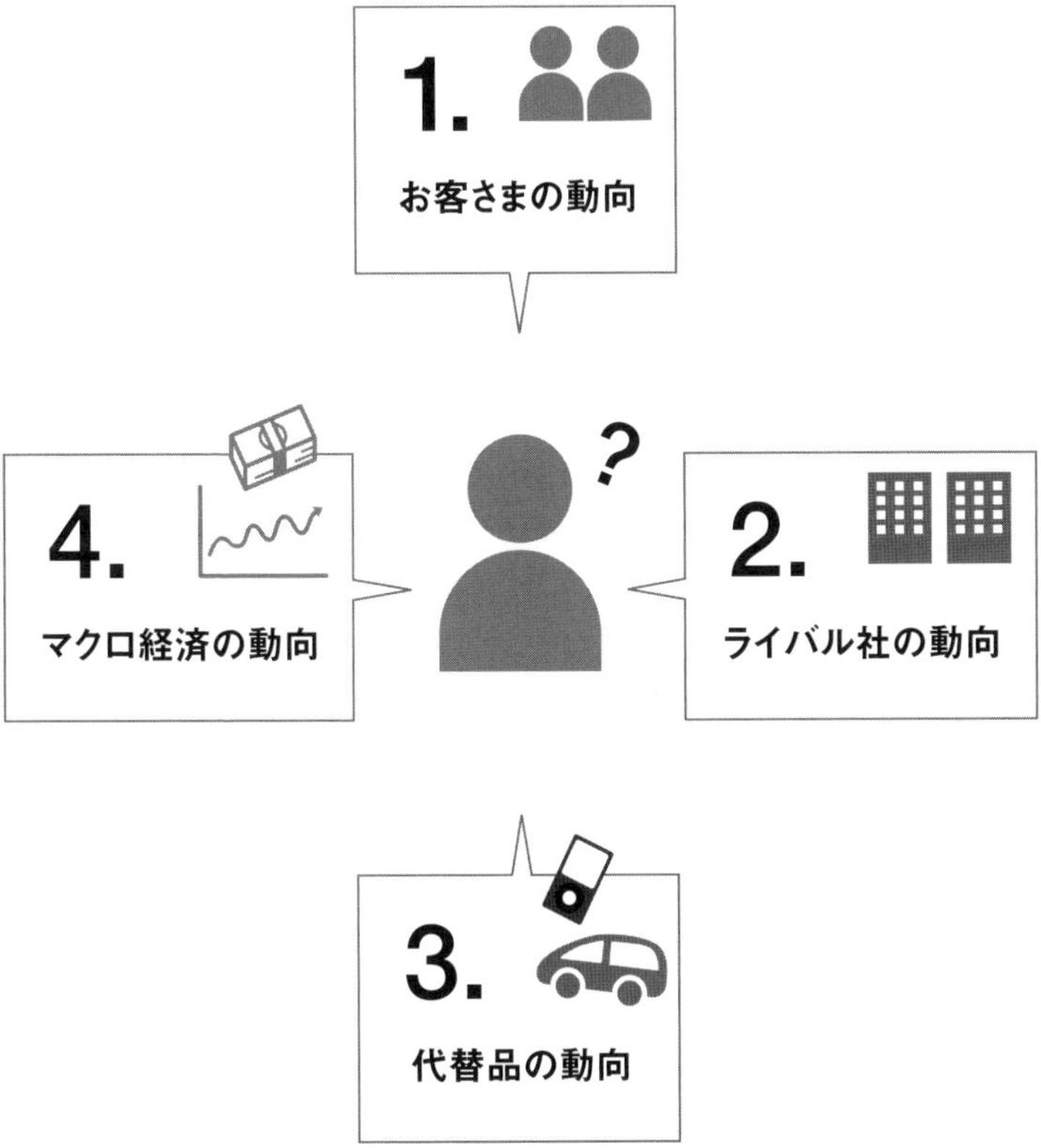

オンリーワンではなくナンバーワン

会社の戦略について考えるとき、よく「オンリーワンになりましょう」という話が出てくるものです。

それが悪いとは言いませんが、本当に大事なことは、お客さまから見てオンリーワンになるということです。オンリーワンになったらライバルがいなくなって楽だなどといった、自社中心の考え方に基づいてオンリーワンを目指しても、結局はうまくいきません。

ライバルが沢山ある中で、「あなたの会社しかない」と言われる会社づくりをしていこうと考えることが重要なのです。

ライバルがいてくれて有難いと思う

もっと言えば、「ライバルがいてくれて有難い」と言えるくらいの会社にならなければいけません。何度も言うように、お客さまはＱＰＳの組み合わせを見て、どこの会社を選ぶかを決めます。つまり、ライバルがいるからこそ、お客さまはＱＰＳを比較することができ、自社の優位性にも気づいてもらうことができるのです。

そして、ライバルがいてくれて有難いと思えるくらい、**比較されてもより良いと分かるQPSの組み合わせを創り出すことが、オンリーワンではなく「ナンバーワン」を目指すということ**なのです。お客さまにとっても、比較する対象があったほうが良いのです。そこで勝ち残れる会社をつくるといった意気込みが必要です。

私のお客さまの中に、ある商品の素材を製造している会社があります。提供している素材は、ライバル会社は一切真似できないくらいの品質を誇っています。その会社の社長が言うには、こういう不況の時代ですから、よく値切られるのだそうです。そのときは、「ライバル社へ行ってください」と答えるのだと言います。なぜなら、他の会社では自社と同レベルの素材を提供できないのが分かっているからです。

結果的にこの会社は、ライバルがいるお陰で商品を安く売らずに済んでいます。ライバルがいるからこそ、自社製品のQPSの優位性がお客さまにもよく分かるというわけです。だから社長は、「我が社は絶対に、オンリーワンになりたくない。ナンバーワンでいたい」と言います。

それが、本当のオンリーワンなのです。

ライバルがいなくなれば一人勝ちできる、などと考えるのは、本当のオンリーワンではありません。それは、むしろ弱者の考え方です。ライバルがいてくれて有難いと言えるくらい、強い会社こそがナンバーワンになれるし、真の意味でのオンリーワンなのです。

第4章

マーケティングでお客さま第一を具体化する

お客さま第一が基本

マーケティングというと、「いかに物を売るか」という発想になるものです。しかし、もちろんここでも「お客さま本位」で考えることがとても大事で、「いかに買っていただくか」という視点に立って考えるべきです。そう考える会社が勝ち残れるのです。

戦略のところで「他社との違い」について話をしましたが、その一番の根幹をなすのが、マーケティングと言えます。つまり、どういう商品やサービスを提供するのがお客さまのためになるかを考え、具体化していくのがマーケティングなのです。

少し視点を変えて考えてみましょう。お客さまは一体「何を」買うのでしょうか。この質問をすると、間違う人が結構多いものです。頭のいい人は、大抵「満足」などと答えます。けれど、実際には「満足」を買うお客さまなどいません。会社に電話してきて、「満足をください」などと言うお客さまは誰もいないのです。

では、何を買うのかというと、「商品やサービス」を買うのです。ここを間違ってはいけません。当たり前に考えればいいのです。その商品やサービス、つまり、**QPSの組み**

合わせで他社との違いをいかに出せるかということが、今の時代のマーケティングの根本なのです。供給過剰であるが故に、余計にお客さま視点で考えなければいけません。

つまり、「売る」という発想ではなく、「買っていただく」という発想を持てるかどうか。考えるべきは、お客さまはどういうモノを買いたいのか、ということなのです。

QPSとC

お客さまはどういうモノを買いたいのか、それはつまりQPSの組み合わせをどうするか、ということです。

QPSの「S」とは「サービス」を指しますが、そうではなく「その他」のSと考えた方がよく当てはまります。例えば、私のようなコンサルティング業では、お客さまにコンサルティングやセミナーなどのサービスを提供しています。QPSの考え方に当てはめるときは、お金をいただいて提供するサービスは「クオリティ」に含まれると考えます。

実は、お金をいただかない「その他」の要素は沢山あります。誰でも経験のあることだ

図9 お客さまは、QPSで会社を選ぶ

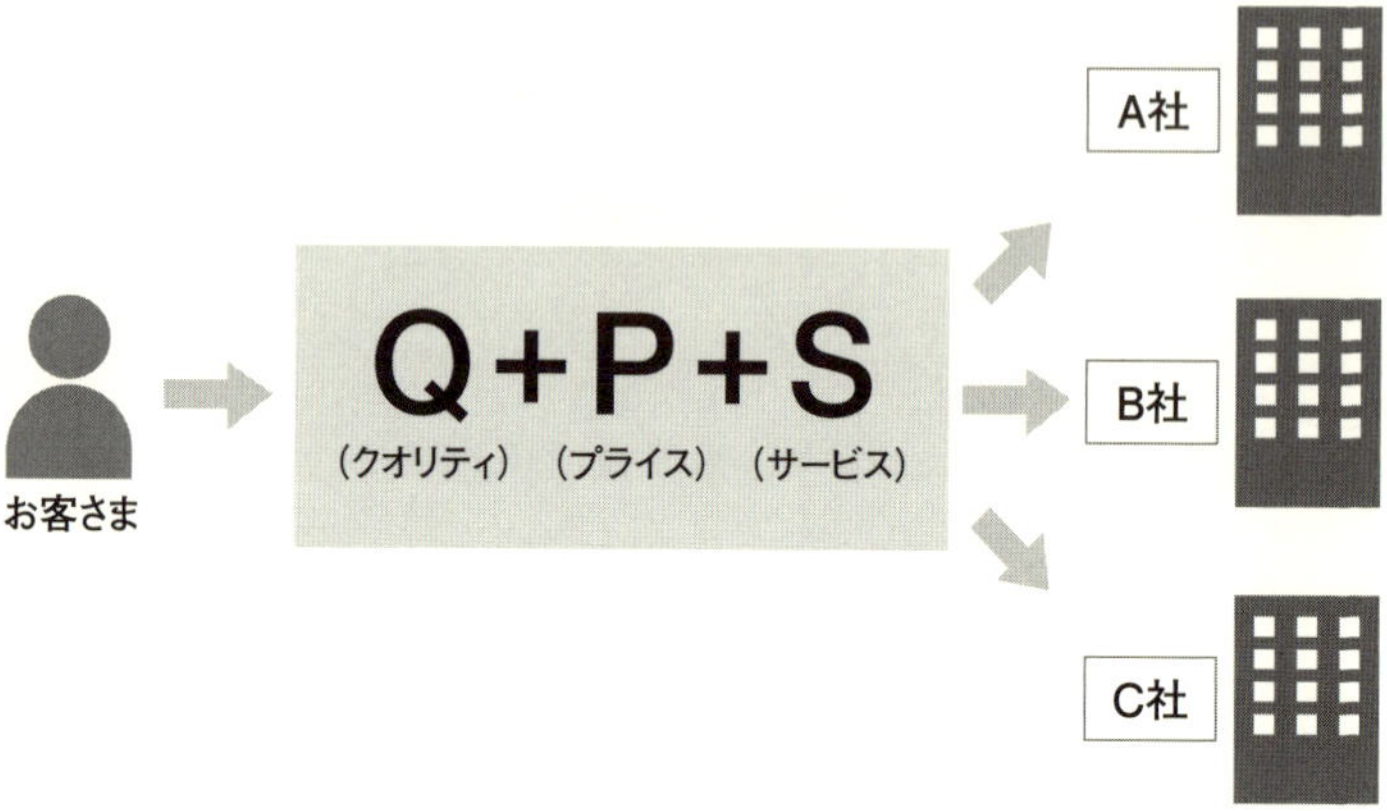

と思いますが、例えば「店が近いから」「店員さんと知り合いだから」「社名を知っていたから」「会社の評判がいいから」「友だちが持っていたから」といった理由でお客さまが購入されている場合、それはクオリティともプライスとも何の関係もない要素です。

これを「サービス」と呼んでいるだけで、内実は「その他の要素」だと考えればいいのです。繰り返しになりますが、お金を頂いて提供するサービスは「クオリティ」であり、そのクオリティとプライスとサービス、つまりその他の組み合わせで、お客さまはA社を選ぶかB社を選ぶかを決めておられるわけです。

お客様が求めているものを分解して考えてみる

　すでに説明したように、ＱＰＳの組み合わせは時々刻々と変わっていきます。少し詳しくお話しすると、「クオリティ」は商品の品質と言いましたが、それには商品そのもののスペックや大きさ、付随するパッケージングなど、全てを含んでいます。

ですから、欲しいスペックを用意しないと、お客さまには買っていただけません。重すぎたり、大きすぎるという理由で売れない場合も、当然あるわけです。

　さらに言えば、パッケージを買っている商品があるのをご存じでしょうか。もちろん中身を買っているのですが、パッケージが重要な場合があるのです。答えは、贈答品です。考えてみれば、贈り物をするとき、スーパーの包み紙で持っていく人などいないはずです。百貨店か、然るべき店の包み紙で包装された商品を贈ります。それは、中身を贈ることが目的だけれど、パッケージがすごく重要な要素を占めているわけです。

　ただ、そのことをうまく利用する会社もあって、ある百貨店系列のスーパーマーケットは、お中元セールなどのときは、パッケージを百貨店の包み紙にするサービスを行なっているのです。とても賢い売り方だと思いました。家の近くにあるスーパーマーケットで贈答品が買えるなら、わざわざ百貨店まで遠出する手間が省けます。値段も少し安くなっていて、なおかつ送り先の人は百貨店の包み紙を見て、百貨店で購入したものと思ってもらえます。

物事を分解して考えることが、とても重要です。

QPSに分解して考えるのもそうですし、さらにクオリティの中でもスペックだとか、大きさ、重さ、パッケージング、色といった要素に分解して考えてみると、解決策が見えてくることは沢山あります。

お客さまが納得する値ごろ感を知る

プライス（価格）に関して言えば、一般的には同じクオリティで同じサービスのものなら、安い方が売れるという傾向があります。ただし、いくつか注意しなければならない点があるのです。どんな商品にも、「値ごろ感」があります。だから、あまりに安すぎるとお客さまは逆に買わないのです。本当にきちんとした商品なのか、大丈夫なのだろうかと、疑ってしまうからです。

ですから、「値ごろ」の上限と下限の間で値決めをしなければなりません。値ごろより高くなれば当然お客さまは買いませんし、値ごろより安くなりすぎても買ってくれないのです。そういう意味では、自社が扱っている商品はもちろん、他社が扱っている商品も含めて、「値ごろ」とはどれくらいなのかを、常に知らないといけません。だから、街や現場に出て、多くの商品の価格がどれくらいかを確かめる行動が求められます。

値段の上限はお客さまから見た価値で決まる

そもそも、価格とはどうやって決まるかを知っていますか。

経済学的には、需要曲線と供給曲線が交わる点で決まるのです。経済学においては確かにその通りです。

では、経営学的には、価格の上限と下限はどのように決まるのでしょうか。言い換えるなら、供給する側から見て、価格をどのように決めるかということです。

一番最下限は、コスト（費用）です。短期的には、ライバルとの関係性などから、コストより安く売ることもあり得ます。けれど、それを長く続ければ会社が潰れてしまうのは目に見えています。ですから長期的には、コストよりも安く売ることはできません。コストに若干利益を乗せた水準でないと売れません（コストには固定費と変動費があり、そのうち固定費をどの商品にどこまで乗せるかという難しい問題がありますが、ここでは深入りしません。いずれにしても、長期的な価格の最下限はコストです）。

コストが最下限であるとして、では上限はどこに決めればいいかというと、それは「お客さまから見た価値」です。この商品に対してお客さまはここまで出すだろう、という基準で決まるのです。それは、ライバル商品と比較して見た場合もそうで、本などはまさにその例です。

一番分かりやすいのが、ブランド品です。有名ブランドのバッグは、ブランドのロゴやマークが入っていなければ、数分の1の価格になるでしょう。もっと安くなるかもしれません。けれどお客さまは、そのバッグにブランドのマークが入っていることで、バッグの価値を高く見ているわけです。それがブランド価値であり、お客さまから見た価値がコストよりずっと高ければ、とても儲かることになります。

つまり、**お客さまから見た価値をいかに高めるかが重要**なのです。

似たような商品なのに、なぜ一方が高く売れるのか？

同じような商品なのに他より高く売れる理由は、何なのでしょうか。こういった商品はブランド品に限らず、日用品の中にも見受けられます。

例えばラップです。ラップといえば、「サランラップ」と「クレラップ」の二つがよく知られていると思います。スーパーなどで値段を比べてみると、大抵はサランラップの方がクレラップより1本10円ほど高く売られているのです。

ところが、年間の売り上げ本数はどちらも約2億本くらいで、ほとんど同じです。サランラップもクレラップも、品質的にはそれほど差がなく、コストもさほど変わりません。流通コストも同じです。

つまり、サランラップはクレラップより年間で20億円多く売り上げており、その分すべて利益も多いという計算になります。これが、ブランド価値というわけです。

これは、イメージの問題です。サランラップの特徴は、くっつきやすいことです。しかし、その分切れにくいと思われています。

一方、クレラップは切れやすいのですが、若干くっつきにくいと思われているのです。プロの料理人にはサランラップを好む人が多く、しかし主婦は切れやすさを好む人も結構いるので、クレラップはマーケティング戦略上、切れやすさを前面に打ち出し、クルリちゃんというキャラクターを利用するなどして広告しています。

でも、全体的なイメージとして、「サランラップの方が良い商品だろう」とお客さまが思うから、その分サランラップの値段が高くなっているわけです。さらにこの二つ以外の、ノンブランドのラップはもっと安く売られています。でも、もしかしたら品質にはそれほど差がないのかもしれません。

この他にも、似たような例は見受けられます。例えば、最近多くなっているPB商品です。コンビニエンスストアやスーパーマーケットで、プライベートブランドの商品がよく出ています。ただ手に取ってよく見てみると、製造元はほとんどナショナルブランドを作っているメーカーなのです。実は、中身もほとんど変わりません。

でも、プライベートブランドは安く売られており、お客さまもナショナルブランドの商品の方を高く買うのは、それに価値を見出しているからです。逆に、そこに価値を見出さない人は、PB商品を買うわけです。

このように、価格とはとても面白いものです。人の印象、イメージが強く影響します。言い方を換えれば、ブランド価値をいかに高く演出できるかということが、とても重要になるのです。

ブランド品は人々からの認知とイメージがすべて

それに関連して言えば、先ほども話したように、ブランド品はその最たるものです。ブランド品を作っている会社は、ブランド価値を高く維持するために、実は非常な努力をしています。例えば、コピー品が出ると、強く排除しようとするのもその一つです。もしお客さまが、コピー品を本物と信じて購入し、それを誰かが粗悪品だと言い出したら、ブランド価値が一気に落ちてしまうからです。だからブランド会社は、商品の品質を維持することを非常に重視します。

それから、ブランド品は **「認知」** がとても重要です。つまり、自社のブランドをお客さまが知っている、また、それを見た人が知っているということです。ロレックスやメルセデスなどは、一目で見れば分かります。そのため、膨大な広告費をかけて、宣伝をしているのです。さらに、一目見ればブランドが分かるような特徴を持たせています。

ブランド品を扱うところでは、店の作りにもこだわります。一般的な量販店では商品を売らず、銀座の一等地などに大きな専門店を構え、入り口には黒服の案内係を立てるなど、かなりのコストがかかりますが、そうすることでブランドのイメージを高めています。

このように、ブランド品を扱う会社は、ブランドを維持するために大きな努力をしているのです。

それとは別に、例えば先に紹介したコストリーダーシップ戦略を取り、大量に安く作って、安く大量に売ってというやり方もできます。ドンキホーテのように、商品を作るのではなく、安く仕入れて大量販売することも同じです。その代わり、売り場は一坪あたりに沢山売るために商品を山のように積み上げて坪効率を良くするような戦略を取る必要があります。

また、製造業の場合なら、大量生産をすることでコスト削減をするのです。原材料を大量に仕入れれば原価を安く抑えられますし、製品1個当たりの固定費も安くて済みます。

ユニクロの粗利益は50パーセントもある

一番いいのは、コストを削減しながら、お客さまから見た価値を高めれば、その差はとても大きくなりますから、すごく儲かるでしょう。それは、何も高級品でなくとも可能です。その良い例が、ユニクロです。

ユニクロは、そこそこ良い品質の商品をリーズナブルプライスで出しています。ただ、ユニクロの財務諸表を見てみると、売上高から売上原価を引いた売上総利益、つまり粗利益は約50パーセントもあるのです。返品や破棄などもありますから、間違いなく仕入れはもっと安いはずです。

だから、安い品物は、必ずしも利ざやが少ないということではないのです。むしろ、百貨店で売っている商品よりも、利ざやが多いこともあります。実際、百貨店はバーゲンなどを行なうため、最終的な利ざやは約25パーセントくらいになりますから、ユニクロの方がよほど多いわけです。

それは、大量生産や、価格の安い地域で大量に原材料を仕入れて、大量に販売することで可能になっているのでしょう。コストは価格に大きく影響しますし、ユニクロの場合は原価の倍で売っても他の店より安いのです。これも、コストリーダーシップ戦略の一つです。

立地、評判、利便性なども差別化要因になる

次に、QPSの「S」、その他の要素を考えてみましょう。

例えば、**「立地」**が挙げられます。近いからその店で買う、ということです。特に日常品を買うときなどは、近くの店で買うでしょう。夕飯に使う野菜を買うために、わざわざ5駅離れたところには行かないはずです。よほど質の違う野菜などの食材があるなら別かもしれませんが、そういう場合以外は基本的に皆、近場で済ませます。またコンビニエンスストアなどは、その近くにいるお客さまだけをターゲットにしています。

それから**「評判」**も、その他の要素の一つです。評判の良い店で買いたいし、評判の悪いところでは買いたくないと思います。

またアベイラビリティ、つまり「利用可能性」もあります。例えば夜中に起きて、パンを食べたいと思ったとき、頭に思い浮かべるのはスーパーやパン屋さんではなく、コンビ

ニでしょう。コンビニは開いているだろうと思うからです。言い換えれば、店が開いていて利用可能だという認識があるのです。

次に**「品揃え」**。アベイラビリティにも関係しますが、あそこへ行けば欲しい商品があるのではないかと思うから、お客さまはそこへ行きます。例えば書店へ行くにしても、洋書が欲しければ丸善に行こうと思うし、ジュンク堂であれば専門書でも手に入るのではないかと思うから、そこへ行くわけです。

こういったことは、クオリティともプライスとも関係しません。でも、そういった要素によって、お客さまがお店を選び、商品を選ぶ場合もあります。

さらに言うと、**「人」**も重要な要素と言えます。「知っている人がいるからあの店に行く」というケースもあれば、逆に「あの店員さんが嫌いだから、この店では絶対に買わない」ということだってあります。特にサービス業の場合、人の好感度は大きく影響するものので、お客さまに一度悪い印象を持たれたら、その後は二度と買ってもらえないということも珍しくないでしょう。

「デリバリー」も挙げられます。商品を運んでくれるかどうかです。現在は高齢化が進んでいますから、例えば65歳以上の人がお買い物をされると、その日の夕方までに荷物を家まで運ぶというサービスをすでに始めているスーパーが私の家の近くにあります。

さらに65歳以下のお客さまでも、妊婦さんや小さなお子さんを連れているお母さんなどは、重い荷物を運びたくないというニーズがありますから、その場合は「3500円以上購入していただければタダで運びます」というサービスも行なっています。やはり評判が良いようで、売り上げを伸ばしています。

デリバリーに関連して言えば、**「納期」**の問題もあります。〇月〇日までに出来上がるかどうか、ということです。例えば結婚式を一カ月後に控えているのに、ウエディングドレスを頼むと3カ月かかると言われたら、お客さまはそのドレスを選ぶことはできません。つまり、納期が確実に守られるかどうかもまた、重要な要素であるわけです。

その他の要素は、まだまだ沢山あります。**「クレジット」**もそうです。家電量販店などでよく行なわれていますが、「ボーナスまでは分割払いで、金利ゼロ」とか、「ボーナス一括払い」とか、その間はお客さまに与信を与えているわけで、そういったところも買うか買わないかをお客さまが判断する際の要素になります。

「店」の要素もあります。先にも述べましたが、ブランド品を購入するときに、人によってはディスカウントショップで購入してもいいと思うかもしれませんが、逆にやはり立派な店構えのショップで買いたいと望むお客さまも少なくありません。ですから、店の作り方も、ブランドのステイタスに合ったものにしないと、お客さまの要望に応えられない可能性があるわけです。

このように、お客さまが購入を決めるかどうかに影響を与える、いろいろな要素があるのです。ＱＰＳ――クオリティ、プライス、サービスと分解しましたが、商品そのものだけではなく、価格だけでもなく、その他の要素だけでもなく、全てを複合してお客さまは商品を購入しています。そして、そのＱＰＳもそれぞれまた分解して考えていかなければならないのです。

コスト病にかかってはいけない

さて、ここまでＱＰＳについて細かく説明してきましたが、実はもう一つ「Ｃ」、コストの要素も考えておく必要があります。

もっともお客さまは、ＱＰＳの組み合わせにしか興味がありません。それを踏まえた上で、コストに関して、いくつか考えなければいけない事があります。

例えば、会社が儲からなくなってくると、「コスト削減」が声高に叫ばれ始めます。売上高は外部環境に大きく左右されますから、会社を立て直すときは、まずコスト削減から行なうのが確実です。特に、緊急に会社を立て直さなければならないときは、コスト削減を最優先に行ないます。

しかし、ここで注意しなければならないことがあります。コストの間違った下げ方をして、お客さまが望んでいるＱＰＳの組み合わせを出せなくなると、商品を買ってもらえなくなります。何度も繰り返しますが、お客さまが興味があるのはＱＰＳの組み合わせであり、コストは関係ないのです。コストは、お客さまから見えないところにあります。だから「コスト病」になってしまうと、会社はさらにおかしくなっていきます。コストを下げたがために、クオリティやお客さまが求めるサービスが提供できなくなったら、お客さまは逃げていってしまうわけです。

その地域にあったＱＰＳを考える

具体的な話をするために、とある高級住宅街で実際に起こった、ファミリーレストランにまつわる出来事を例に挙げてみましょう。その住宅街には、先にも紹介したすかいらーくのレストランがありました。

しかし、その店をガストに変えたのです。すると、売り上げは落ちてしまいました。なぜなら、飲み物も自分で取りに行かなければいけないといったガストのサービスを、高級住宅街に住む人たちが嫌ったからです。結局、その後ガストはまた、すかいらーくに戻りました。このように地域によっても、お客さまから求められるものは違ってくるのです。

何度も言いますが、大切なのは、お客さまに求められるQPSを提供することです。コスト削減は、そのために必要であればやらなければいけません。逆に、お客さまが望まないコスト削減をして、クオリティやサービスを落としてしまうと、お客さまに選んでもらえなくなります。

価値があれば高くても買ってくれる

ただし、ライバル会社と比較したとき、自社のコストが相対的に高いとしましょう。そうすると、お客さまの求めているQPSの組み合わせを出せなくなる可能性があります。

例えば、不況になったとき、ライバルが従来と同じクオリティとサービスを維持したまま価格を下げて商品やサービスを提供することはあります。今まで1000円で販売していたジーンズを、８８０円で売り始めるようなことです。そのとき、自社は、「高齢の人が多くて人件費が高いから、価格は下げられません」などと言っていたら、会社は潰れてしまいます。

このように、あくまでもお客さまが求めているＱＰＳの組み合わせを出さなければならないのだけれど、コストがライバル社と比べて高すぎたら、お客さまが求めているＱＰＳを出せなくなる場合があるわけです。

では、どうすればいいのでしょうか。

まずコスト削減をするか、あるいは戦略を変えて、ライバルと全く違うクオリティ、サービスを提供するようにＱＰＳの組み合わせを変えてしまうのです。そうしないと勝てません。

ただし、そのＱＰＳの組み合わせにお客さまが認める価値がなかったら、お客さまは誰も買ってくれません。しかし、価値があれば、高くても買ってくれるのです。とらやの羊羹などが、その例です。

ブランドはもちろん、品質の上でもお客さまに価値があると認められています。そういったＱＰＳの組み合わせを作り出せるかどうかなのです。

このように、「コスト病」にかかってはいけませんが、ある程度にコストを抑えておかないと、ライバルに勝てなくなる可能性もあるということを、忘れてはいけません。

コスト削減の鉄則と「付加価値活動」「非付加価値活動」

コスト削減には鉄則があります。

それは、まず、**業務を「付加価値活動」と「非付加価値活動」に分ける**ことです。付加価値活動はお客さまの満足に直接関わる業務です。製造や営業、品質管理などがそれにあたります。

一方、非付加価値活動は、お客さま満足に直接関わらない業務です。経理や総務などの分野です。営業活動など、全体で見れば付加価値活動の場合でも、内部での報告資料の作成などは非付加価値活動となります。

そして、**コスト削減の第一歩は、非付加価値活動から行なう**というのが大原則です。

お客さまと直接関わる活動ではありませんから、非付加活動を徹底的に見直し、業務をできるだけ簡素化するのです。そうすることはコスト削減のみならず、お客さまに対する活動量が増え、さらには、社内の意識が必然的にお客さま志向となります。

付加価値活動に関してもコスト削減はできます。それは、「バリュー・エンジニアリング」という考え方です。VEとも呼ばれます。これは、お客さまに対する「価値」を変えることなく、コストを下げることができないかを考えることです。製品の見えない部分の原材料の重量を減らしたり、受付の女性を正社員からパートの人に代えるなどです。

あくまでも、お客さまから見ての価値を下げないということが大原則です。

1回のお客さまを一生のお客さまにする
リレーションシップ・マーケティング

マーケティングにおいて重要な考え方の一つに**「リレーションシップ・マーケティング」**というものがあります。

会社にとって、新しいお客さまを得ることも確かに大事なことです。しかしそれ以上に、一度お客さまになっていただいた方に、いかにして「一生のお客さま」になっていただくかについて考えることがより重要です。

私の経験上、**ダメな会社というのは、新規営業が上手い**のです。普通なら、新規営業が上手い会社は良い会社だと思われがちですが、そうではありません。なぜなら、新規営業が上手いのは、既存の良いお客さまが逃げていってしまうからです。

せっかくお客さまになっていただいた方が続かないから、新規営業で新しいお客さまをつかんでいかないと、会社が潰れてしまうという状況になっています。

だから、新規営業だけは上手いのだけれど、せっかくつかんだ新しいお客さまも、また次々に逃げていってしまうので、また新規営業をしなければなりません。そして、いずれ新規のお客さまが取れなくなってしまうようになり、会社が潰れてしまう、というパターンなわけです。

既存顧客の売上げの増減が会社のバロメーター

言い方を換えれば、良い会社は良いお客さまが長続きします。ですから、お客さまを見れば、その会社のレベルが分かります。特に、長く続いているお客さまを見ていると、その会社のレベルが測れるのです。友だちを見ればその人が分かる、と言われるのと同じことです。良いお客さまが長く続いている会社は、やはり良い会社なのです。

さらに言うと、新規のお客さまより、長く続くお客さまの方が、結果的には儲かります。新しいお客さまを獲得するために、値引きするなど手を替え品を替え、色々なマーケティング活動をするより、本当に自社の価値を分かってくれているお客さまなら、適正価格でずっと商品を買い続けてくれますから、結果的に儲かるのです。

京都では、「一見客お断り」という店をよく見かけます。それは、別に良い格好をしているわけではなく、商売を続けてきた長い歴史の中で、既存のお客さまをより大切にする方が、結果的に儲かるということを知っているからです。

私はコンサルタントとして、色々な会社を見てきましたが、大抵の会社は新規営業の成績を言いたがります。そのとき、必ず確認しておかなければならないのは、既存のお客さまの売り上げがどれだけ落ちたか、ということです。

一番良いのは、新規のお客さまが増えながら、既存のお客さまの売り上げも上がっていることです。しかし、ダメな会社のほとんどは、新規営業の売り上げは上がっているのに、今まで儲けさせてくれていた既存のお客さまの売り上げが下がっていたり、既存のお客さま自体が大きく抜け落ちている、という事態になっています。

コンサルタントもそうですが、もちろん経営者も、既存客の売り上げがどのくらい落ちているかを見極めておく必要があります。

♕ 図10 既存顧客の売上げの増減が会社のバロメーター

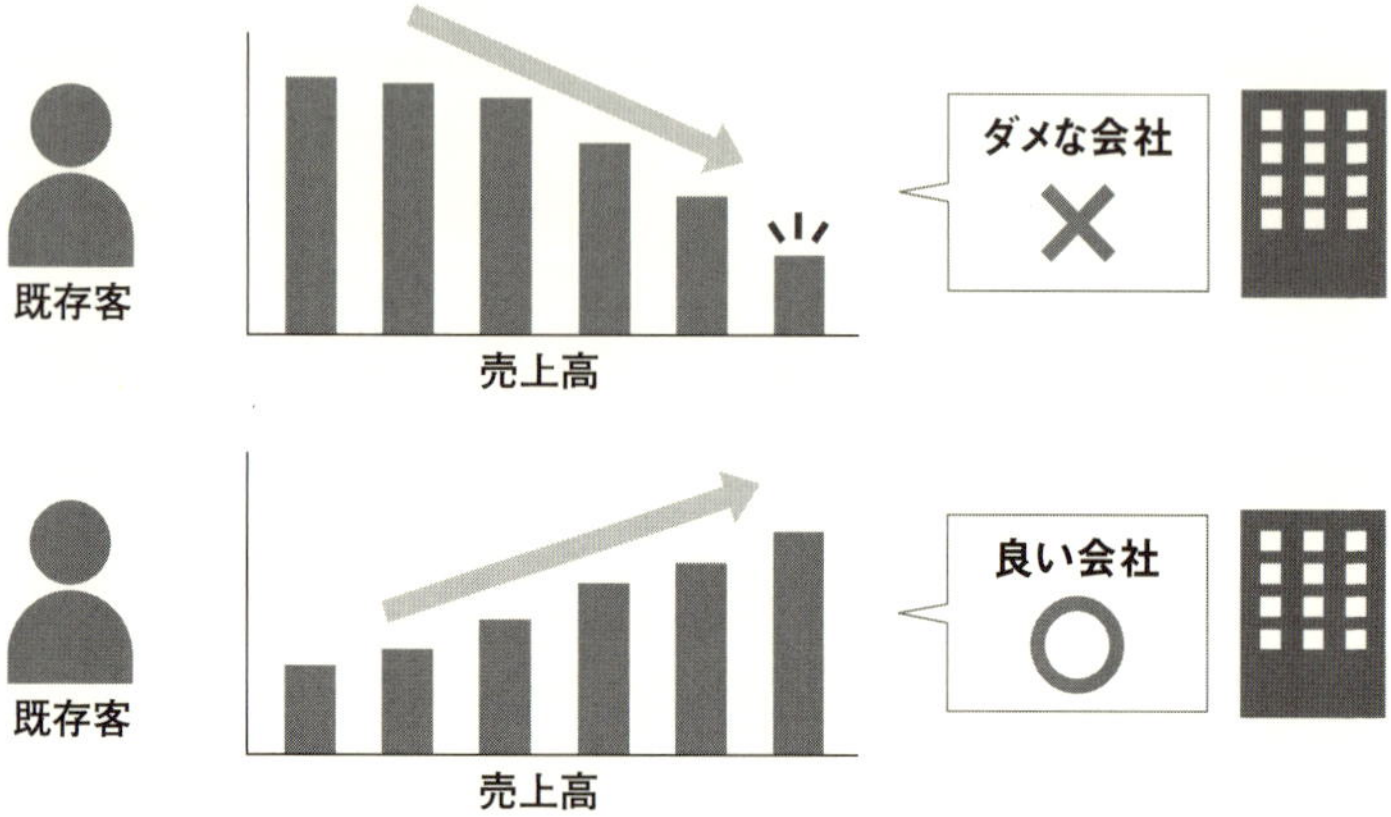

実は、それこそが会社の実力のバロメーターなのです。会社のことをよく知っているお客さまの評価だからです。

さらに最も望ましいのは、既存のお客さまが、別のお客さまを紹介してくださること。これが、一番の「信用」だからです。

リレーションシップ・マーケティング

リレーションシップ・マーケティングでは、お客さまを6段階に分けて考えます。「潜在客」から始まって、「顧客」「得意客」「支持者」「代弁者」「パートナー」というふうに関係が深まっていきます（図11）。

「潜在客」はお客さまになる可能性のある人。**「顧客」**は買ってくれたお客さまであり、カスタマーとかクライアントとも呼ばれます。さらに、**「得意客」**はよく買ってくださるお客さまのことです。

次に**「支持者」**とは、ブランドロイヤリティや店舗ロイヤリティが100パーセントのお客さまを指します。

例えば、「化粧品はポーラ化粧品の商品しか買わない」とか、「百貨店なら小田急百貨店しか行かない」というお客さまのことです。これは会社にとって大変有難いことで、支持者が増えると売り上げは落ちません。お客さまは「ここしかない」と思うからです。

ただ、その上のお客さまがいます。それが、**「代弁者」**であり、**「パートナー」**です。「代弁者」とは、「あの店はとても良いから行ってみたら」「商品がすごく良いから買ってみたら」と他の人に言ってくれるお客さまのことです。いわゆる、口コミです。ですから、代弁者が増えると、下手な広告宣伝をしなくても、売り上げは伸びていきます。

今はネットの時代であり、ネット上での口コミは良い評判でも悪い評判でもすぐに広まります。ネットショップなどで、利用者の書き込んだ評価がずらりと出ていたりするのを見たことがあるはずです。

例えばamazonで本を検索してみると、読者の書いた書評が載っていて、誰でも読むこ

図11 リレーションシップ・マーケティングはこう進化する

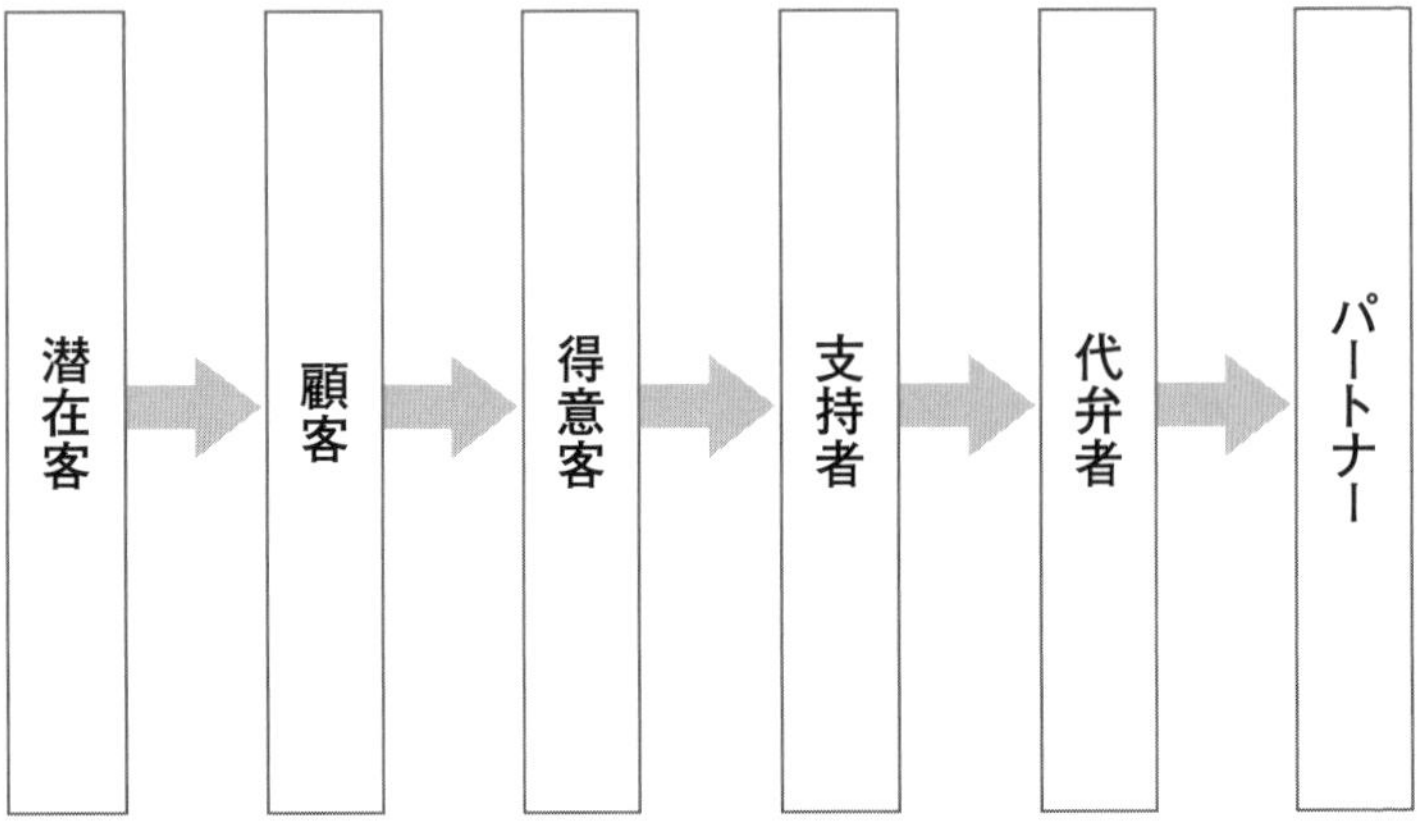

とができます。こういった人たちが「代弁者」になるわけです。良い意味での口コミが増えるほど、売り上げは伸びるのです。

また「パートナー」というのは、さらに上のお客さまで、本当に会社の商品やサービスを気に入ってくれて、他のお客さまを連れてきてくれたり、イベントに参加してくれたり、さらには、その会社の代理店として働きたいと言ってくれるような人たちを指します。代弁者やパートナーが増えると会社は自然にどんどん大きくなります。

この6段階の中で、潜在客を顧客に変えることも、もちろん大切です。さらに、一度お客さまになっていただいた方を、得意客、支持者、代弁者、パートナーへと、関係をいかに深めていけるかも、とても大事なことなのです。
そのためには、どうすればいいのでしょうか。私がつかんだポイントは三つあります。

①一番は偉い！
②あなたは特別
③感動を生む

この三つが、リレーションシップ・マーケティングのポイントです。

一番は偉い！

これは、ビジネスをするにあたって、最も重要なポイントの一つだと言えます。
昔、まだ私の子供が小学校1年生くらいだったとき、家で食事をしていたら、
「父さん、日本で二番目に高い山を知っている？　日本で二番目に大きな湖を知ってい

る？」

と聞かれたのです。そう言われて考えてみると、日本一高い山が富士山であり、日本一大きな湖は琵琶湖であることは誰でも知っているけれど、二番目と言われると答えが出てきませんでした。ちなみに、この答えはセミナーに来ていた元山岳部の方に教わったのですが、日本で二番目に高い山は南アルプスの北岳で、３１９２メートルあるそうです。それから、二番目に大きな湖は茨城県の霞ヶ浦です。

一番は誰でも知っています。でも、二番は意外と知られていません。私はそれに気づいたとき、「一番ってすごいな」と思いました。

そのとき、私はコンサルタントの仕事をしていますから、次にこう考えたのです。

日本で一番の百貨店はどこだろう、と。

私の妻に聞いてみたところ、「高島屋」だと言いました。理由は、私も妻も関西の出身であり、東京でも大阪でもそこそこ知られている百貨店と言えば、高島屋しかないのです。でも、例えば東京出身で私くらいの年代の方に同じ質問をすると、「日本橋三越」を挙げる人が圧倒的に多いのです。

一方、若い人たちに聞くと、これまた圧倒的に多い意見は「新宿伊勢丹」でした。新宿伊勢丹2階のヤングカジュアル売り場は、同部門では日本で最も売り上げを出すことで知られています。さらに名古屋の人に尋ねると、昔は栄の松坂屋を挙げる人が多かったのですが、今は駅前のＪＲ高島屋と答えます。それから、私の友人に芸術家がいるのですが、その人は銀座の松屋だと答えました。理由を聞くと、ディスプレイが日本で一番綺麗だからだそうです。

お客さまにとっての「主観的一番」になる

ここで、とても大事なことに気づくはずです。

山や湖の「一番はどこですか」と尋ねたときの答えは、一つしかありません。

一方、「百貨店の一番はどこですか」という質問の答えには、多くの答えが出てくるのです。それは一体、なぜでしょうか。

答えは、実はすごく簡単なのです。山や湖の一番というと、一番「高い」山であり、一番「大きい」湖のことです。つまり、何を一番とするかの客観的基準を、尋ねる側が決めています。しかし、「百貨店の一番はどこですか」と尋ねるときは、基準を相手に委ねています。だから、相手が自分の基準で選ぶことになるのです。

つまり「主観的基準」です。ここが大切なところです。

リレーションシップ・マーケティングでは、6段階あるお客さまとの関係を深めていくときに、それができるかどうかは、お客さまが「主観的に」自社を「一番だ」と思ってくださるかどうかなのです。言い換えれば、客観的に一番である必要はないということです。

もちろん、客観的な一番は、それをアピールすることにより主観的な一番に感じていただける要素とすることはできます。

しかし、**主観的一番でないと、関係を深めてもらうことができない**のです。読売巨人軍が好きな人は好き、阪神タイガースを好きな人は好きなのです。主観的です。

これは、とても大事なことです。このことを理解しておかないと、ビジネスでは絶対に成功できません。

お客さまから見て、いかに主観的一番になれるかどうか。それは、先にお話ししたQPSによるのです。お客さまはクオリティ、プライス、サービスの組み合わせを見て、自分に一番合っている会社を「一番だ」と思います。

ですから、自社が一番ターゲットにしている顧客層が求めているQPSの組み合わせはどのようなものなのか、それを見極めて、その顧客層に対して主観的一番になってもらえるようにしなければ、お客さまとの関係は深まっていかないのです。お客さまが自社を（主観的に）「二番手の会社だ」と認識しているうちは、「得意客」や「支持者」になっていただくことはできません。

お客さまにとっての「主観的一番」になれる要素をいかに見つけ出せるかどうかが、ビジネスで成功するかどうかを決める重要な要素なのです。

あなたは特別

さらに、お客さまとの関係を深めていこうとするとき、大事なポイントとなるのは、**一人ひとりのお客さまを「特別」に扱えるかどうか**です。

こう言うと、多くの会社は、「自社は何万人も何十万人もお客さまがいらして、一人ひとりを特別に扱うなどできない」と答えます。でも、私に言わせれば、そんなことを言っているから商売がうまくいかないのです。

とにかく、どうやったら「特別に」扱えるのかを考えることです。できない理由を考えるのではなく、できる理由を考えるのです。

例えば有効に利用できるのが、コンピュータシステム。工夫次第で、お客さまを特別に扱うためのツールとして活用できます。

私の家の最寄り駅に、中堅のスーパーマーケットが２軒あり、どちらもポイントカードを発行しています。今は、どのスーパーでもポイントカードくらいは導入されていますが、それをお客さまとの関係を深めるために利用しているところは、ほとんど見たことがありません。

ときどき私も妻について買い物に行きます。そして、レジで会計するとき、私はいつも心の中で「なぜ名前を呼ばないのかな?」と思うのです。会計前には、ポイントカードを渡します。それを機械にかければ、私達が誰なのか、以前はいつ買い物をしたのかなど、すべて分かるはずなのです。それなら、

「小宮様、いつもお買い物をしていただき有難うございます」

と一言、なぜ言わないのでしょうか。その一歩の踏み込みができていないのです。結果、ありきたりの平凡なサービスしかできないわけです。

お客さまと、特別な関係を作り出さなければなりません。それをいかに作り出すかを工

夫することがビジネスにおいては不可欠なのに、会社はその重要性をよく分かっていないのです。お客さまに対して「あなたは特別です」ということを伝えられるかどうか。そのために何をすべきかを経営者は考えなければならないのです。

私の会社の近くに小さなスーパーがあり、私は毎朝出勤途中に飲み物を買いにその店に寄るのが習慣になっています。朝早く行くので、レジにいるのも毎朝同じ店員です。そしてお互いに、お互いの顔を覚えてしまっています。

ですから、レジの店員は私が絶対にレジ袋をもらわないことを知っていて、飲み物をレジ袋に入れずにそのまま渡し「いってらっしゃいませ」と一言言ってくれるのです。だから私も、相手が自分を認識してくれていることが分かります。それで良いのです。だれかが分からなくとも「特別」の関係は築けるのです。

このようなちょっとした配慮が、実はお客さまとの関係を深めていきます。

従業員にも「あなたは特別」を実践する

「あなたは特別」を伝えることは、従業員に対して行なうこともとても重要です。「おいみんな」と呼びかけるのではなく、一人ひとり名前で呼ぶだとか、それぞれのちょっとした特徴を覚えておくだとか、ほんの小さなことでもそういうものを人は求めています。

弊社では、従業員の誕生日をみんなで祝うことを続けてきました。東京には従業員は7人いるので、誕生日の人以外の6人から500円ずつ集めて計3000円で、誕生日の人が欲しい物をプレゼントするのです。

昔、そのプランを考えたとき、「休みをあげようかな」とも思いましたが、休みは十分にあるので必要ないと思いました。私がポケットマネーで何かプレゼントをすることもできますが、何だかありきたりです。

大事なことは、周りの皆が誕生日を迎えた人を、「あなたは特別だよ」と思うことなのです。そこで、皆でプレゼントすることに決めたわけです。


あるとき、一人の女性社員が、誕生日を迎えました。何が欲しいかを尋ねると、ケーキを買ってきて欲しいと言います。そして、集めた3000円でケーキを買ってきたら、皆で食べて欲しいと言ってくれました。実は、彼女は一人暮らしが長かったため、誕生日を誰かと一緒に祝ってもらうことがしばらくなかったそうです。だから、職場のみんなにケーキを買ってもらい、みんなでケーキを食べられることがとても嬉しいと言ってくれました。その言葉を聞いて、私もとても嬉しく思ったものです。

そうやって、お客さまでも従業員でも、一人ひとりが「自分は特別だ」と思えるような会社の仕組みを作れるかどうかが、会社がうまくいくかどうかを左右します。ところが、大抵の経営者は、一人ひとりに対することが面倒なので、十把一絡げに扱いたがるものです。しかし、それはお客さまや従業員が望んでいることとは正反対です。ちょっとしたことに手間をかけることが、関係を深めていくためにはとても重要といえます。

お客さまに「あなたは特別」と伝わるようにするためには、従業員一人ひとりが、お客さま一人ひとりを大切にしようとする気持ちがなければいけません。

先に挙げたスーパーのレジでの対応にしても、店員がコンピュータのデータを使い切れていないのは、会社や経営者にお客さまを大切にしよう、どうすればもっとお客さまに喜んでいただけるのかという気持ちがないからに他なりません。だから、ありきたりのことしかできないのです。そういう店員は、結局はコンピュータがあっても無くても同じことしかできません。

ですから、まずは**「お客さまを大切にしよう」という気持ちを、従業員に持たせるための社員教育を、経営者は徹底してやっていくしかない**のです。しかし、そのベースは、経営者がお客さま志向であることは言うまでもありません。

感動を生む

リレーションシップ・マーケティングでは、「潜在客」を「顧客」にし、「得意客」「支持者」「代弁者」「パートナー」へと関係を深めていくことです。その際に、多くの会社で間違っていることがあります。それは、「お客さまの満足度を高める」、つまりCS（顧客満足度）運動を一生懸命していることです。もちろん、お客さまの満足度を高めるのは悪いことではありませんが、それだけで良しとしていると、ダメなのです。満足で満足しているようでは、自己満足な会社で終わってしまうのです。

満足しているだけなら、お客さまは支持者まではなってくれるかもしれませんが、代弁者やパートナーになってはくれません。自分に置き換えて考えてみてください。電車に乗っていて別に不満はなかったとしても、そんなことをわざわざ誰かに言わないはずです。

でも、例えば電車に乗ったとき、隣に女優さんが座っていたらどうでしょう。きっと、後から誰かに話したくなるはずです。それは、満足ではなく「感動」したからです。

感動すると、人は誰かに話したくなります。満足だけだと「支持者」止まりなのです。満足しているから、お客さまも他の会社に浮気はしません。でも、あえて他の人にその会社の商品やサービスを薦めたり、ましてや会社を手伝ったりというところまで関係は深まりません。私は、満足は「80点」、感動が「100点」だと思っています。

大切なのは、**いかにして感動を生み出すかということ**です。

マニュアル通りにやっても感動は生まれる

よく「感動はマニュアルからは生まれない」と言われますが、それはビジネスを知らない人が言うことです。感動はマニュアルで十分に与えることができます。感動を生むようなマニュアルを作れていないだけです。

例えば、ディズニーランドは子供にも大人にも感動を与えますが、ほぼ全てがマニュアルで動いています。もちろん、お客さま第一は徹底されていますが、スタッフはアドリブで動いているわけではありません。要は、感動が生まれるくらい精緻なマニュアルを作れるかどうかなのです。マニュアルで感動は作り出せないという人は、マニュアルで満足すら作り出せない人です。つまり、人の心が分からない人たちなのです。

その他にも、私達の身近には、マニュアルで感動することが沢山あります。

私は以前、ルーマニアのブカレストにある大学の客員教授を3年ほどしていました。1年間に10日間くらいルーマニアへ行って、集中講義をしていたのです。

ちなみに、ルーマニアはバルカン半島の中程にある国です。バルカン半島の一番南がギリシャ、その北にブルガリア、さらにその北がルーマニアです。ヨーロッパの最も東に属していますが、東には黒海があり、それを隔てて対面にはトルコ、つまりアジアが広がっていて、パリやロンドンとは少し雰囲気が違います。

さて、そのブカレストには日本からの直行便が飛んでいません。ですから、ヨーロッパのどこかで乗り換えが必要です。一番便利なのは、パリのシャルル・ド・ゴール空港で乗り換える便で、私も利用していました。パリまでは、日本を昼頃に出るＪＡＬ便に乗ると、夕方5時頃に着きます。そこで3時間ほど乗り換えを待ち、夜8時過ぎのエアフランスに乗ってブカレストに向かいます。

その便に乗ると、日本人など私以外一人も乗っていませんし、東洋人さえいません。フランス人か、ルーマニア人がほとんどで、アフリカ系の人が少しいる程度です。さらに、機内アナウンスはフランス語とルーマニア語、それから英語が最後にテープで流れるくらいのものです。

ブカレストに夜11時頃着くと大学関係者が迎えてくれて、そのまま大学の教職員用の宿舎に送ってもらいます。それから大学で過ごす10日間ほど、ルーマニアの学生や職員の方達と過ごすことになります。当然ながら、日本人には一切会いません。

さて、帰りにはまたエアフランスでパリに向かうのですが、毎回いささかの不安を抱えて乗ることになります。パリでの乗り換えの時間が、1時間半ほどしかないからです。飛行機が少しでも遅れると、乗り換えられない可能性があります。私自身は乗り換えが十分可能でも、荷物が乗り換えに間に合わない場合があり、冷や冷やものなのです。

日本人が一人もいない中、ルーマニア人に囲まれて過ごした10日間で十分緊張感が増しているのに加え、ちゃんと乗り換えられるかどうか不安になっている——つまり緊張感がピークになっている状態で、JAL便に乗った瞬間、客室乗務員さんが、

「おかえりなさいませ」

と迎えてくれるのです。これが、すごく泣かせるのです。

この「おかえりなさいませ」、実はマニュアルなのです。ニューヨークのJFK（ジョン・F・ケネディ空港）でJALの5便に乗っても、サンフランシスコから1便に乗って

も、必ず入り口で「おかえりなさいませ」と迎えてくれます。私はもちろん、客室乗務員がマニュアルで言っていることを知っていました。それでもこの一言は、海外でしばらく過ごし、緊張感の高まっていた人にとっては、すごく和む瞬間なのです。

知り合いにも私と全く同じことを言っている人がいて、彼は頻繁に米国に出張していたのですが、「おかえりなさいませ」を聞きたいがためにJALに変えた、とまで言っていました。

「おかえりなさいませ」を成田空港に着いてから言われたら、きっと何の感動もしないでしょう。しかし、海外で飛行機に乗り込んだときに言われると、泣かせるくらい感動してしまいます。

経営とは人の心理をつかむこと

経営というのは、人の心理をいかにつかめるかにかかっています。ビジネスを成功させたいなら、どんなときに人は感動するのか、どんなときに満足するのかを、時々仲間内で話し合うと良いでしょう。

私は企業に頼まれて研修を行なうとき、よくこの手法を取り入れています。「お客さま第一」を徹底するとか、売れる商品をどうやって作り出すかを考えるとき、今までに満足し、感動した商品やサービスを挙げてもらうのです。その中から、満足や感動の本質とは何かを話し合い、参加者に発表してもらいます。

すると、大変多くの人が、「思い出せない」と答えます。すぐには思い出せないのです。けれど実際には、人は色々なところで満足を感じたり、感動したりしています。これは習慣ですから、書き留めておくといいでしょう。

「このサービスは良かった」とか「この商品は良かった」と感じたら、書き留めることを繰り返していると、自分が満足するとき、感動するときの感覚が分かるようになります。

逆に言えば、満足や感動をしない人は、人に満足や感動を与えることはできません。特に満足だけでなく、「感動」をお客さまにいかに与えられるかが、お客さまとの関係をいかに高めていくか、という点においては、とても大事なポイントになるのです。

お客さまに喜んでもらいたい、という気持ちを持つ

ここまでお話ししてきた「一番は偉い」「あなたは特別」そして「感動」の三つが、リレーションシップ・マーケティングにおける重要なポイントです。

それをいかに出せるかどうか。

大切なのは、お客さまに喜んでもらいたい、という気持ちを持つことです。それが、「マーケティング・マインド」です。

そうではなく、「これをやれば儲かるかな」といったくらいの気持ちでいると、お客さまに喜んでいただくことが「手段」になってしまいます。お客さまはとても敏感ですから、ただ儲けたいと考えている会社からは離れていくのです。

一方、お客さまに喜んでいただこうと思っている会社は、結果として儲かります。働いている従業員も、その方が気持ちがいいのです。お客さまに満足していただき、感動していただくための仕事ができれば、やりがいを感じます。

お客さまに喜んでいただきたい。その気持ちが、マーケティングの根幹にならなければならないのです。それさえあれば、後は何とかなります。

下手なマーケティング理論を振りかざしたところで、売れないものは売れません。お客さまが求めているのは、理論などではなく、自分が満足できる商品であり、サービスなのです。それ以上でも以下でもありません。

感謝と工夫

マーケティングの章の最後に、お客さま第一についての考え方に触れておきましょう。お客さまが求めているQPSの組み合わせを出さなければいけない。

それから、それを実現するためのコストの組み合わせを考えなければいけない。ただ、土台として「考え方」、つまり「お客さま第一」という考え方を持っていないと、会社は正しいQPSを出せません。一旦、出せたとしても長続きしません。なぜなら、QPSの組み合わせを考える人たちが、お客さまの視点に立てていないからです。

では、「お客さま視点」をどうすれば持てるのでしょうか。

戦略的には、ライバル会社のQPSを分析したり、世の中を観察することがとても大事ですが、そのベースには「感謝の気持ち」を持っておかないと、良い商品やサービスは提供できないのです。「有難い」という感覚のない会社、経営者は、長期的に良い商品やサービスを提供できません。

「有難い」という言葉は、「有ることが難しい」と書きます。ですから、感謝の気持ちというものは、どんなことも「有ることが難しい」と思う心から生まれてきます。「有難い」の反対語は、「当たり前」です。お客さまがいらっしゃること、会社があることが当たり前だと思ってしまうと、感謝の気持ちは出てきません。

良いマーケティングをしよう、つまり最適のＱＰＳを作り出そうというなら、そのベースに感謝の気持ちを持っておかなければ難しいのです。ですから、感謝の気持ちを常に持っていられるように、社員教育をすることが経営者には求められます。

それと同時に、経営者自身も常に感謝の気持ちを持っておかなければ、部下にだけそれを持たせようとしても、それは「感謝の気持ち」を儲けるための手段にするようなものです。まず**リーダーである社長自身が、感謝の気持ちを持たなければなりません**。

また、ＱＰＳの組み合わせを考えるとき、もう一つベースに持っておかなければならないキーワードがあります。それは**「工夫」**です。

「工夫」と言うと、大それた事をやらなければいけないと思うかもしれませんが、そうではないのです。

「工夫」について説明するとき、私はいつも次の話を例に挙げます。

東京ディズニーランドのウエイトレスさんがした工夫

ある若い夫婦が、ディズニーランドへ行き、レストランに入ったときの話です。そこで、お子様ランチを頼んだそうです。でも、夫婦は子供連れではなかったため不自然に感じたウエイトレスが、「お子様ランチでよろしいのですね」と確認したところ、その若い夫婦はこう答えたそうです。

自分たちには小さい子供がいたのだけれど、亡くなってしまいました。子供を連れてディズニーランドに来たときには、お子様ランチを食べさせたいと思っていたんです、と。

すると、そのウエイトレスさんはよく気がつく人だったのでしょう、その若い夫婦のテーブルをファミリー用にしてくれた上、子供用の椅子を一つ、持ってきてくれたのです。

ディズニーランドでのこの話は、実はとても有名で、私も色々な人から聞きました。若い夫婦は、子供用の椅子を持ってきてもらったことにいたく感動したらしく、ディズニーランド宛てにお手紙を書かれたそうです。それがディズニーの社内報に載り、人づてに各方面へ伝わって、広まっていったようです。

「工夫」とは、まさにそういうことなのです。大それた事をするのではなく、**自分がやれ**

る範囲の中でベストなことは何かということを常に考え、それをお客さまに提供することなのです。それができるかどうかは、やはりそのベースに「感謝の気持ち」を持って働いているかどうかでしょう。

そのとき、そのときで、お客さまに何をして差し上げるのがベストなのかということを考えることが「工夫」なのです。

第5章

会計と財務の本質

財務諸表は、安全性、収益性、将来性の三つを見る

経営者は、会計の知識をあらかた持っておかなければなりません。しかし、それは財務諸表の作り方ではなく、読み方を知ればよいということです。

一般的に、会計は難しいと言われます。確かに財務諸表の作り方は難しいです。貸借対照表や損益計算書、キャッシュフロー計算書——これらを財務三表と言いますが、その作り方が難しいのはその通りです。

ただ、経営者やほとんどのビジネスマンは、財務諸表の「作り方」を勉強する必要は全くありません。

例えるなら、パソコンのようなものです。現代では、皆がパソコンを使います。当たり前のように使うけれども、パソコンの作り方を知っている人はそうそういません。でも、使えれば問題はないわけで、作り方を知る必要はないのです。

財務諸表も同じことです。もちろん経理・財務の担当者や、会計士や税理士を目指している人なら、作り方を知らないと仕事になりません。しかし、大多数のビジネスマンや、特に経営者は、財務諸表の作り方など知る必要は全くないのです。

ただし、財務諸表の「読み方」を知る必要はあります。なぜなら、財務諸表はいわば会社の「成績表」だからです。もっとも、数時間かけて多少の勉強をすれば、誰でもかなり読みこなせるようになりますから、心配はいりません（詳しくは拙著『「1秒！」で財務諸表を読む方法』（東洋経済新報社）を読んでいただきたいと思いますが、本書でも簡単なところを解説しておきましょう）。

三つのキーワード

財務諸表を読むときポイントとなるのは、三つのキーワードです。

それは、会社の**①安全性、②収益性、③将来性の三つを読み取ること**です。この三つを、①、②、③の順番通りに読むことが大切です。

最初に、「安全性」を読みます。主に、「貸借対照表」から読み取ることができます。

貸借対照表は、会社の資産、負債、純資産の状況を表わすものです。というと難しく思うかもしれませんが、実はとても簡単です。

基本的に、貸借対照表は右と左に分かれています。**左側は「資産」、つまり会社の財産を表わします**。それも項目が決めてあり、現金や預金などすぐに現金化できたり使う予定のものを流動資産、それ以外を固定資産と呼びます。

次に、**右側には「負債」と「純資産（資本）」が表わされます**。財産を買うためには、お金が必要です。その資金をどのように調達したのか、その調達源を表わしているのが貸借対照表の右側です。

つまり、右側に表わされた負債という形、あるいは、純資産という形で調達した資金で、左側の財産を買っている――ですから、右と左は必ずバランスします。だから、貸借対照表は「バランスシート」とも呼ばれるのです。

さて、安全性を考える時に一番大事なことは、**「負債」と「純資産」の違いを知ること**です。とにかくこのことが、最も大切です。

負債は、将来のある時点で、必ず返済しなければならない資金を指します。この負債が返済できなくなって会社が潰れるのです。

一方、純資産は、返済する必要がありません。株主さんから預かっているお金ですが、会社を清算でもしないかぎり、返済する義務を負わないのです。

そして、会社が倒産する理由の99パーセントは、負債が返済できなくなるからです。だから、**ある一定以上に負債を増やしてはいけません**。このことは肝に銘じておかなければ

♔ 図12 貸借対照表は会社の資産、負債、純資産の状況を表わす

	科目	金額	科目	金額	
総資産	(資産の部)		(負債の部)		総資本
	流動資産	××××	流動負債	××××	
	現金預金	×××	支払手形	××××	
	受取手形	×××	買掛金	×××	
	売掛金	×××	短期借入金	××××	
	有価証券	×××	その他	×××	
	たな卸資産	××××	固定負債	×××	
	その他	×××	長期借入金	×××	
	貸倒引当金	×××	退職給与引当金	×	
	固定資産	××××	負債合計	××××	
	有形固定資産	××××	(純資産の部)		
	無形固定資産	×	株主資本	×××	
	投資その他の資産	×××	資本金	×××	
			資本剰余金	×××	
			利益剰余金	×××	
			評価・換算差額等	×××	
		××××	純資産合計	××××	
	資産合計		負債・純資産合計	××××	
	資金の運用を表わす		資金の調達を表わす		

なりません。

会計を「学問として」平たく勉強している人は、こんなことを強調して知る必要はないかもしれませんが、実践で経営している人は、負債と純資産の違いを、必ず理解しておいてください。くどいようですが、会社は負債が返済できなくなって潰れるのです。純資産を返せなくなって潰れる会社はありません。

「自己資本比率」は返済しなくてもいい資金源の割合

このことに関連してひとつ指標を覚えておいてください。

「自己資本比率」です。資産を賄っているお金のうち、返済しなくても良い純資産の

比率を、**「自己資本比率（＝純資産÷資産）」**と言います。**中長期的な会社の安定性の度合いを示し、この値が小さいほど、倒産リスクが高まる**のです。

会社を経営していく上で、自己資本比率をある一定以上に必ず維持しておくことが重要です。一般的には、固定資産を多く使う製造業などの業種では、最低でも20パーセント、それから卸売業など流動資産を多く使うような業種なら、最低でも15パーセントくらいといった目安があります。このように、業種によってばらつきはありますが、とにかく**自己資本比率をある一定以上に保つことが、会社の安定性を中長期的に保つ**のです。

それから、短期的な安全性を表わすのが、**「流動比率（＝流動資産÷流動負債）」**です。これは、より短期的な負債の返済能力を示します。一般的には１２０％くらいあれば安全だと言われています。ただし、資金繰りの状況などで、業界や会社によってこの比率は大きく異なります。自社の適正値を知ることが大切です。

さらに、**「当座比率（＝当座資産÷流動負債）」**という指標もあります。**流動資産の中でより現金化しやすい資産のことを当座資産**と言います。具体的には、現預金、売掛金、短期の有価証券などです。この当座資産を流動負債で割ったものが当座比率です。一般的には90％以上あれば安全と言われますが、これも業種や会社によってばらつきの非常に大き

図13 安全性を見るための代表的な指標はこれ!

1. 自己資本比率=純資産÷資産

15%〜20%が目安

2. 流動比率=流動資産÷流動負債

120%以上が目安

3. 当座比率=当座資産÷流動負債

90%以上が目安

4. 手元流動性=(現・預金+すぐに売れる資産+すぐに調達できる資金)÷月商

1カ月分〜1.7カ月分が目安

な指標です。

また、**「手元流動性（＝（現預金＋すぐに売れる資産＋すぐに調達できる資金）÷月商）」**も重要な指標の一つです。これは、月の売り上げに対して、すぐお金にできるものをどれだけ持っているかを表わします。大企業なら1カ月、中堅企業で1・5カ月、中小企業なら1・7ヵ月分くらいは月末時点で必要です。資金のボトムでも1カ月分を確保するようにしましょう。取引先が倒産して売掛金や受取手形が入金されないこともあるからです（後にくわしく説明します）。

安全性の指標でいちばん大切な手元流動性

経営者にとって大切なことは、この指標をどれだけ安全性の判断材料として有効に活用するかです。これら安全性の指標の中でも、どれが一番重要となるのか、その優先順位を知っておかなくてはなりません。

指標の中で最も大切なのは、「手元流動性」です。当たり前のことですが、会社はお金が無くなったときに潰れます。たとえ自己資本比率がとても高くても、明日のお金が無くなったら終わりです。

図14 安全性の指標の中で大切なのはこの順番

1.
手元流動性=資金繰りの余裕の度合い

2.
当座比率=短期的な負債の返済能力の度合い

3.
流動比率=短期的な負債の返済能力の度合い

4.
自己資本比率=中長期的な安全性の度合い

さらに2番目に重要なのは、当座比率。3番目が流動比率。そして4番目が自己資本比率という順番です。つまり、短期的な資金繰りに一番近いところから順番に、安全性の指標を見ていく必要があります。そして、最終的には、自己資本比率を必ずある一定以上に保っておく——これを徹底すれば、会社を潰すことはありません。

このように比率を見ながら、安全性を確保していくことが経営者には求められます。もし、必要な手元流動性のラインを割ることがありそうなら、自己資本比率などの他の指標のことは一切忘れて手元流動性の確保を考えてください。そうしないと会社を潰してしまうことにもなりかねないからです。優先順位を間違わないことも社長にとって大切なことです。

細かいところは、繰り返しになりますが、『「1秒!」で財務諸表を読む方法』を読んでいただければと思います。

自己資本比率、流動比率、手元流動性を必ず一定以上に保つ

何年か経営をしていると、自然に、自社がどれくらいの「自己資本比率」を維持すればいいか、「流動比率」を維持すればいいかの基準が分かってくるものです。そうしたら必ず、最低限のラインは守らなければなりません。

景気が良く、ちょっと業績も良くなってくると、銀行は「お金を貸しますよ」と言ってきます。会社にしてみれば、お金を借りるということは、負債が増えるわけですから、自己資本比率は下がります。

仮に、借りたお金を現金のままずっと持っておいたなら、いざというときに返せば問題はないでしょう。しかし大抵は、借りたお金で何らかの投資をするものです。そのとき、例えば、バブルの頃にはよくあったことですが、ゴルフ場を買ったり、ホテルを買ったりと、自社のビジネスと全く関係ないところに投資したりするのは、とんでもない話です。

では、自社のビジネスに関係することに投資をするならば問題はないのかというと、必ずしもそうとは言えません。なぜなら、その投資が成功するかどうかは、やってみなければ分からないからです。うまくいけばいいけれど、うまくいかなかったときには、損が出ながら負債だけがどんどん増えていくという、最悪のパターンになってしまいます。

そういうときでも、自己資本比率をある一定水準以上に保っていれば、何とか会社を維持することはできます。

しかし、一定水準以下まで借りすぎていたら、自社を取り巻くビジネスの環境が少しでも変わったときに、会社が立ち行かなくなる可能性が出てくるのです。

誘惑に負けて投資しすぎて、会社を倒産させた経営者を、私は沢山見てきました。たとえどんな理由があっても、**自社にとって守らなければならない自己資本比率や、流動比率、それから手元流動性の最低水準を、必ず確保しておくことが、会社を潰さないための大前提**です。誘惑に負けないことです。

余談ですが、**会社を潰す社長の特色は、「明るく、元気、おおざっぱ、見栄はり」**です。明るく、元気でなければリーダーは務まりませんが、おおざっぱ、見栄はりは致命傷です。お金を借りてまで見栄をはるようになれば、当然会社は危うくなります。財務諸表を見て、自分で決めた基準を割り込まないようにすることが、会社を潰さないための大前提です。

資産利益率は5％以上が目安

次に、**「収益性」**の読み方を説明していきましょう。

ここでは、三つの指標が挙げられます。

一つは、**売上高に対する利益率（「売上高利益率」）**です。

大切なのは、売上高利益率が同業他社と比べて遜色無いかを、必ず確認すること。もし、同業他社より低ければ、売値が安かったり、コストが他社より高いなどの理由が考えられます。どちらにしても、パフォーマンスや効率が悪いということです。

もう一つは、**資産に対する利益率（「資産利益率」：ROA）**です。

資産は、負債と純資産によって調達しているわけですから、両方ともに調達コストがかかっています。つまり、その調達コストよりも、高い利益率を出せていなければなりません。具体的に言えば、資産利益率が営業利益のベースで大体5パーセント以上であることが、一つの目安と考えていいでしょう。

それから、**「キャッシュフローマージン」**も、一つの指標と言えます。

営業段階で生み出すキャッシュフローのことを「営業キャッシュフロー」と言いますが、それが売上高に対してどれくらいあるかを示すのが、キャッシュフローマージンです。目安として、7パーセント以上あるかどうかが、良い会社かどうかの基準になります。

同業他社と見比べながら、これら三つの指標から収益性が維持されているかについても、必ずチェックしてください。

最後に**「将来性」**です。

これは、売上高や利益が、前年よりも、それから過去よりも伸びているかどうかを見なければなりません。さらに、将来に対してそれらを伸ばせるのかどうかも判断します。そうでなければ、会社はどんどんジリ貧になっていくだけです。

利益とキャッシュフローは違う

先ほども説明したように、会社を経営していく上において、短期的に最も重要な指標は「手元流動性」です。お金が無くなったときに、会社は倒産します。その当たり前のことを、十分分かっておかなければなりません。

でも、それを分かっていない経営者が実に沢山いて、さらにそういう人達の多くが重大なことを勘違いしています。

それは、利益とキャッシュフローは違うということ。利益が出ているからといって、資金繰りが回っているかどうかは全く別の話なのです。

利益とキャッシュフローを大きく変える要因の一つ、それは**「売掛金」**です。売上高というのは、商品やサービスを提供したときに発生します。

しかし、現金そのものはすぐに手元に入ってくるとは限りません。商品を売りはしたけれど、現金がまだ支払われていない状態が「売掛金」です。つまり、売掛金がどんどん膨らんでいくと、お金は入ってこないのに、費用は払わなければならない場合が多いので、資金繰りもまたどんどん苦しくなってくるわけです。数字の上では利益が出ていても、キャッシュは手元にないという状態になります。

もう一つ、利益とキャッシュフローを大きく狂わせる原因を挙げるなら、**「在庫」**もそうです。

仕入れただけでは「費用」は発生しません。それを売ったときに初めて「費用」化します。だから、在庫を次々に積み増しても、損益決算書上には何も表われません。いくら買っても計上されません。

しかし、実際に在庫を買うためにはお金が必要になります。ですから、必要以上の在庫を買ってしまうと、これもまた資金繰りが苦しくなる原因となるわけです。

それだけでなく、在庫は物によっては「陳腐化リスク」があります。つまり、古くなって売れなくなる可能性が出てくるのです。こういった点から、在庫には十分に注意を払う必要があります。「在庫はキャッシュ」という認識が必要なのです。

それから**「投資」**も、利益とキャッシュフローを狂わせる要因になります。投資をしても、損益計算書上には表われません。資産が入れ替わるだけの話だからです。

ファイナンスの基本はダム経営

何にせよ大切なことは、キャッシュをできるだけ多く持っておくことです。

先に、松下幸之助さんの「ダム経営」についてお話ししました。ダムに水が貯まっていると、日照りの日が長く続いても安定して水や電気を供給できます。だから、経営も同じで、ヒト、モノ、カネに少し余裕を持った経営をしましょう——これがダム経営の根本です。

これには大原則があって、ダムに水を貯めておくということは、業績が良いときにお金を貯めておくということを意味します。お金があると使ってしまう経営者も多くいますが、それではダム経営は成り立ちません。景気が悪くなって「資金繰りが回らない」となったとき、手を打とうにも、実はもう手遅れなのです。私のところにもその手の相談をしにこられる経営者がいらっしゃいますが、「良いときに貯めておかなかったからでしょう」と言う他ありません。

企業は、**良いときにも悪いときにも「お客さま第一」を徹底し、良いときにはそれにより得たお金を貯めておくべき**なのです。

そもそも、業績の波は業種によってかなり違います。製造業は波が比較的大きいのに対し、サービス業はそれほど大きな波がないことが多いのです。それでも、大なり小なり波は必ずくる。景気が悪くなったときでも、お客さまに対して安定した商品やサービスを提供できる。同時に、従業員さんに対しても安定して給与を支払える。自社がそうあるためには、業績の良いときに、お金を貯めておかなければならないのです。

貧すれば鈍すとはよく言ったもので、会社にお金がなくなると、どんな経営者も「お客さま第一」などと言っていられなくなります。目先の資金繰りのことしか考えられず、「資金繰り第一」になってしまうのです。

すると、部下に対しても「とにかく売ってこい」としか言わなくなります。お客さまの利益や満足より、自社の売り上げのことしか考えられなくなるのです。でも、お客さまは、お客さまのことを第一に思えない会社からは離れていきますから、余計に売り上げは下がってしまうでしょう。結局、余計に資金繰りは辛くなり、余計に「資金繰り第一」になるという、悪循環が生まれてしまいます。

我々凡人は、どんなときでも少し余裕を持っておかねばなりません。それが、「ダム経営」の根幹です。景気が悪いときでも、資金に余裕があれば、「お客さまが困っておられるなら何かサービスして差し上げよう」と考えることもできます。それは、景気が回復したときに、お客さまに商品を買ってもらえる布石にもなります。

逆に言えば、良いときには「いつか悪いときがくる」と考え、備えておかなければならないのです。悪いときにも、もちろん「そのうち良いときがくる」と信じることが大切ですが、それはある程度の余裕を持っておかなければ言えないことなのです。

ファイナンスについて書かれた本を読むと、お金をギリギリで回すことが上手なやり方のように書かれたものもあります。しかし、それは会社の経営を知らない人の言うことです。ただ理屈だけの世界で物事を見ています。お金がなくなったら倒産してしまうのです。

ヒト、モノ、カネ、時間に余裕を持った経営をする――それが経営者に心の余裕をもたらし、安定した経営を行なえるのです。「ダム経営」を心がけてください。

売上げではなく利益

とかく「売上げを上げよう」とばかり考えると、肝心なことを見落とします。

もちろん、売上げを上げることは、やらなければならないことです。

売上高は、お客さまが喜んでいただいた「対価」ですから、お客さま第一を標榜する会社は、売上高を上げることを考えなければなりません。

さらに、戦略上も売上高は重要です。なぜなら、売上高はシェアを上げることにつながるからです。**シェアとは、市場における自社のプレゼンス（存在）そのものです。**お客さまに対するシェアを確保することは、市場における自社の優位性をもたらすことにも繋がります。

また、ある特定のお客さまの中でのシェアを高めることで、お客さまにとっての自社を重要な位置に置くことも大切です。特に自社の規模が小さい場合、数社との取引があるお客さまから見て、自社の順位がとても低い位置にあったら、いつ取引を打ち切られるか分かりません。ですから、売上げが小さいときには特に、お客さまから見たシェアを高めるようにします。

このように、シェアやプレゼンスという意味では、売上げはとても重要なのです。

利益をあげてキャッシュフローもプラスにする

しかし、売上高は上がっても、結果的に「利益」が出せなければ意味がありません。利益の出ない仕事をしていたら、会社は資金繰りが苦しくなるだけです。

特に、利益が出ないのに、売上高だけ上がるのは問題です。売上高が上がるということは、物を仕入れたり、費用も増えてくるので、その分、資金繰りが必要になります。ですから、**利益を伴わない売上げは、資金繰りを圧迫する**だけです。

必ず、利益を確保することが必要です。

しかし同時に、先にも説明したように、利益は必ずしもキャッシュフローと一致しないことも忘れないでください。長期的にはほぼ一致しますが、短期的には売掛金や在庫などの影響で大きくぶれることもあります。

つまり、**売上高も上げ、利益も出して、さらにはキャッシュフローもプラスにするよう**

な経営をしなければならないのです。

手元流動性を確保する

とにかく、手元にキャッシュを残すことを、経営者は常に念頭に置いておく必要があります。売上高や利益に惑わされず、手元に現金がどれだけあるかを知っておくことです。

では、どれくらいの現金があればいいのでしょう。これは、どの経営者も悩みどころのようです。そこで、具体的な目安を立てておきましょう。

先ほども述べましたが、まず大企業の場合は、月商の1カ月分くらいを目安にします。それから中堅企業（売上高数百億円規模）の場合は月商の1・5カ月分くらい、さらに小規模の中小企業の場合は月商の1・7カ月分くらいは、月末の残高で持っておいたほうがいいでしょう。

なぜ、大企業と中堅企業と中小企業で持つべき手元流動性が違うのかというと、これは資金調達の速さが違うからです。やはり大企業は、銀行とのつき合いも深く、コマーシャルペーパーをすぐに発行することもできるし、市場から資金を調達する能力にも長けています。このように大企業は、機動的に資金調達ができるため、手元流動性が中堅企業や中小企業より小さくても問題がないのです。

企業規模が小さくなればなるほど、銀行はすぐにはお金を貸してくれません。審査に2週間以上かかることもあります。その分、手元流動性を厚く持っておかなければならないわけです。

月商1カ月分の手元流動性は必須

それから、会社の持つ資金が最も少なくなるときでも、大企業であろうが中小企業であろうが、月商の1カ月分くらいは持っておかなければなりません。これは経営の大原則です。

理論的には、資金が底値になったときに1円でもあれば、会社は倒産しないことになっています。しかし、実務的には1円しかなかったら、やはり倒産する可能性があるのです。

資金がボトムになるのは、どんな規模の会社であれ、給料日直後であることが多いと思います。月末と思われる人もいるかもしれませんが、確かに出ていく資金も多いですが、普通は入ってくるお金も多いので、底ではないのです。むしろ月末にお金がなかったら、その会社は儲かっていないということになります。

では、なぜ資金が底になったとき、資金が1円であってはいけないのでしょうか。

例えば、毎月25日が給料日の会社の場合、25日から月末までのお金の出入りはとても激しくなります。その間に、売掛金など回収できる予定であったお金が入ってこないこともありえます。取引先が支払えなかったり、場合によっては倒産してしまうことも無いとも限りません。そういう事態になったとき、資金繰りをギリギリで回していたら、結果的に自社の支払いができなくなるのです。つまり、連鎖倒産の可能性が出てきます。

こういった事態を避けるためには、資金がぎりぎりではどうしようもありません。そこで、月商の1カ月分くらいを確保しておけば、予定のお金が入ってこなかったとしてもその場は何とか凌げるのです。

資金繰りを心配しなくていいだけの現金を持つ

現実的には、経営者が資金繰りを心配しなくてもいい手元流動性を持っておくことが、実践的と言えます。

「我が社は資金繰りが大丈夫だろうか」と不安に思っていたら、経営者として良い仕事ができるはずがないのです。明日の資金繰りに気を取られていたら、目の前のお客さまに一生懸命になれません。ですから、実践的には自社の資金繰りを心配しなくていい額を、保っておくべきなのです。

先に紹介した、手元流動性や資金のボトムの基準を割り込むのは問題外ですが、それはあくまで最低ラインの話です。経営者も、人によって性格が違います。リスクを沢山取りたい人もいれば、リスクを取りたくない人もいるでしょう。つまり、私の紹介した最低ラインは、リスクを取りたい人の基準です。それを切ったら資金繰りが辛くなる、というギリギリのラインです。

でも、もっと余裕を持った経営をしたいというのなら、もっと高いラインに自分で限度を決めて構いません。その基準は、資金繰りの心配を一切しなくて済むような額です。

キャッシュフロー経営の基本は「稼ぐと使う」

経営者は、キャッシュフローを増やす経営をしなければなりません。

しかし、誤解しないでください。キャッシュは稼ぐだけでなく、使ってこそ意味があります。

上手に経営をして、キャッシュを稼いだのはいいものの、それを貯め込んでしまう経営者がいます。もちろん、手元流動性が十分になく、資金繰りがままならないときは、キャッシュを稼いで先に説明した最低限度額以上まで貯め込むことがまず第一です。ただし、ある一定まで貯めて、十分な安全性が確保できたら、後は使ってください。

では、何のために使えばいいのでしょうか。

それには三つあります。

一つは、**「借り入れの返済」**です。

財務内容が悪いと、将来的な資金繰りに不安が残ります。いつかは銀行に借りたお金を返さなければならないのです。ですから、キャッシュが十分に貯まったら、借り入れの返済を検討する必要があります。

もっとも、財務内容の良い会社は、この点については心配しなくて構いません。残り二つにキャッシュを使うことを考えてください。

もう一つは、**「未来投資」**です。つまり、稼いだお金を、将来キャッシュフローを生むための事業に、投資するのです。何もお金を借りてまで投資することはありません。あくまで、一定以上貯まった分のキャッシュを使っての投資を検討してください。

未来投資は必要ない、と考える経営者も中にはいます。現状のままでも十分儲けているから現状維持でいいというわけです。

しかし、この未来投資をしない会社では、まず働いている人たちが将来に夢を描けなくなっていきます。

さらにお客さまから見ても、新しいことに投資をして、チャレンジをして、お客さまのためになることを何かしてくれる会社の方が魅力があるのです。例えば、百貨店がお金がないからといって、古く薄汚れた店舗のままにしているよりは、綺麗に改装してくれた方が、お客さまは喜びます。新幹線もそうです。未来投資によって次世代の新幹線が登場すれば、新幹線に乗るお客さまにとっても魅力が増えるわけです。

そして三つ目は、**「株主還元」**です。

稼いだお金の一部は、出資してくれている株主に還元するのが鉄則です。配当、自社株買い入れ消却といった形で、還元します。

大切なのは、**営業キャッシュフローを稼ぎ、それを財務改善、未来投資、さらには株主還元に使う**――このバランスを取ることです。ただし、繰り返しになりますが、絶対に忘れてはならないことは、**ある一定以上の手元流動性を確保できていない会社は、使わずにまず貯めることを優先**してください。そうでなければ、会社は潰れてしまいます。

経営者が優先すべきことは、まず安全性を確保することです。それが土台にあるから、会社は傾かずに済むのです。この優先順位を間違えてはいけません。

月初には預金残高を確認する

経営者は、必ず月初に自社の預金残高がどれだけあるかを確認する習慣をつけてください。

何度も言うように、利益が出ていても、会社が倒産することがあります。いわゆる、**「黒字倒産」**です。経営者自身が想定していた売上げが出ていて、想定した通りの利益が出ていても、資金回収ができていなければ、倒産の可能性があるわけです。

ですから、経営者は必ず**月末や月初に、預金残高を確認して、自分が想定している手元流動性が保てているかどうか、それから売上げや利益に応じたキャッシュが増えているかどうか、確認する必要があります**。

必ず、この習慣を続けてください。


さらに、経営者予備軍の人たちは、自分の預金通帳を月初、もしくは月末に確認することを習慣づけることを始めましょう。なぜなら、自分のキャッシュフローもコントロールできない人が、会社のキャッシュフローなど絶対にコントロールできないからです。自分の預貯金を貯められない人は、会社の資金を貯めることなどできないのです。小さいことができない人は、大きいことはできません。

まずは、自分の資金繰りをコントロールする習慣を、若いうちから身に付けることです（余談ですが、今までこの習慣がついていなかった人は、ディスカヴァー・トゥエンティワンから出ている『小宮一慶手帳』には、月末に預金残高をチェックして記入する欄が用意されていますから、ぜひお買い求めいただいて、毎月の習慣にしてください）。

会社が儲かっていても、経営者が自社の預金残高を気にしていなかったとしたら、その人は会社を潰します。いざというときに頼りになるのはキャッシュ、つまり現預金以外にありません。結局は、**キャッシュこそが会社の実力**です。

利益とは、会計上の概念に過ぎない、ただの数字なのです。もちろん、利益はキャッシュフローの源泉ですが、「我が社はこれだけ利益が出ています」と言ったところで、実際にお金がなければ立ち行かないのです。だから、キャッシュの残高がどれだけあるのか、キャッシュを本当に稼いでいるのかを、経営者であれ、個人であれ、必ず確認しなければならないのです。

会計や財務はビジネスの本質とは違う

会計の章の最後にひとこと。

経営者を志す人たちが、会計士並みに会計を勉強しても、それで会社がうまくいくかといえば、それは違います。

確かに、会計・財務、特に財務諸表は会社の成績表であり、それで会社の安全性や収益性、将来性などを確認することができるという意味では、とても重要であり、必要なスキルと言えます。財務諸表を読むことができなければ、会社の舵取りができません。

しかし、ビジネスの本質とは「お客さま」なのです。お客さまが求めている商品やサービス、もっと言えば、今までお話ししてきた通り、お客さまが求めるＱＰＳの組み合わせを提供できるかどうかがビジネスの本質であり、経営者が常にその点にフォーカスを当てておかなければ、会社はうまくいかないのです。

言い換えるなら、財務諸表が必要以上に詳しく読めたところで、それだけで会社がうまくいくわけではないということ。その当たり前の事実を、経営者として認識しておかなければなりません。

大切なのはお客さまであり、お客さまに焦点が当たっていることが、ビジネスの大原則であることを忘れないでください。

第6章

ヒューマンリソース・マネジメント

人は理屈では動かない

第1章でも述べましたが、経営という仕事には、「企業の方向付け」「資源の最適配分」そして「人を動かす」という三つがあります。その中で三つめの「人を動かす」について、この章では詳しく説明していきましょう。

他の二つと同様、人を動かすとはどういうことなのか、言葉で説明するのは簡単です。しかし、実際にそれを実行するのは、とても難しいことです。

社長というのは、部下に動いてもらわなければならない立場です。そこで、まず知っておくべきことは、**「人は理屈では動かない」**という事実です。人を思い通りに動かす、といった類の本がいくつも出版されていますが、それらをいくら読んだところで人は動かせません。

よく考えれば、とても当たり前のことです。そもそも、あなたはあなた自身を完璧に動かすことができるでしょうか。ちなみに、私は50年以上生きてきましたが、1日たりとも自分を完璧に動かせたことなどありません。

もし理屈で人を動かせるのだとしたら、その前に、その理屈を使って自分を動かしてみてはどうでしょうか。動かせるでしょうか。いいえ、十中八九動かせません。そんな完璧な理屈があるなら試してみればいいと思いますが、私は今までそんな理屈を見つけたことはないし、聞いたこともありません。そして、自分すら動かせない程度の理屈が、他人を動かせるはずがないのです。

つまり、人を動かせる理屈などない、と思った方がいいのです。

人は幸せについてくる

だからといって、「人を動かすことなどできない！」と言いたいのではありません。それでは、経営はできません。

では、人は何で動くのでしょうか。

一つは、これまでお話ししてきた、経営者や会社の「考え方」です。正しい考え方を経営の場で実践しているかどうかということです。そして、それに関連して、働く人の立場から言えば、「幸せ」に感じているかどうかということが非常に重要だと思っています。

私は、**人は「幸せ」についてくる**と考えています。この人についていけば幸せにしてくれると思えば、部下もついてくるかもしれないし、恋人や家族もついてくるかもしれません。そう思うのです。

そこで問題となるのは、会社が提供できる「幸せ」とは、一体何かということです。

一つは**「働く幸せ」**があります。働くことによって自己実現できたり、働くこと自体が喜びになる場を従業員に提供するのが、会社なのです。もう一つは、**「経済的な幸せ」**です。会社はお給料を支払い、従業員はそれで暮らしていきます。この二つの幸せを、会社は提供しているのです。

モチベーションより働きがいアップ

働いている従業員のモチベーションを高めたい、とはよく経営者から聞く言葉ですが、実はその考え方は間違っています。働いている人もまた、何とか自分のモチベーションが上がらないだろうかと考えているのだけれども、そんなものは、いくら考えたところで上がりません。

モチベーションを上げることを考えるより、「働きがい」を高めることを考えるべきで、**働きがいが上がればモチベーションは自然に上がる**ものなのです。

つまり、「働いていて楽しいな」と思うことができたら、いくらでもモチベーションは上がります。モチベーションを上げることを目的にするのではなく、モチベーションが上がるような働きがいを、会社が従業員へ与えればいいわけです。働きがいが上がる結果としてモチベーションが上がるのであって、まずモチベーションを上げて、ガンガン働けと言うのは、経営側の論理です。払う給料は同じだけれど、倍働いて欲しいという、経営者の勝手な言い分とも言えます。

働きがいさえ高められれば、いくらでもやる気を生み出すことができるのです。

お金や地位では働きがいは高められない

では、働きがいを高める源泉とは何でしょうか。

最初に言っておきますが、私は、会社においては信賞必罰が絶対だと思っています。会社は働きにくるところで、良い仕事をしてくれた人に多くの報酬や地位を与えるのは当然のことです。しかし、この信賞必罰のやり方を多くの会社は間違ってしまっているのです。

それには、二つのポイントがあります。そして、多くの会社が、この2つの順番を取り違えているのです。順に説明します。

ほとんどの会社に当てはまることですが、従業員の働きがいを高めるために一番目にやろうとするのは、たいてい「お金」や「地位」に関してのこと。給料を今より沢山あげますよ、と言ったら、従業員もさすがに「頑張ろう」という気にはなります。それは事実です。けれど、お金だけで気持ちを釣り上げようとすると、お金が「目的」で、仕事が「手段」になりがちです。一部の人達は一定のところまで上がったら「もういいか」と考え始めます。そして、働くことよりも、「休む時間が欲しい」「遊びに行くところがあればいいな」などと、お金を使うことを考え始めるのです。お金が目的ですから。

そうすると、働きがいはダウンしてしまいます。もちろん、仕事の質も下がります。その人たちにとって、働くことはお金を儲けるための手段に過ぎないからです。ここで、多くの会社がしくじってしまいました。

さらに従業員の中には、金の亡者へと変貌する人も出てきます。もっともっとお金が欲しいと思うのです。そのために、頑張って良い仕事をしようという方向にベクトルが向かえばいいのですが、大半はそうではなく、より効率的に儲けられる方法はないかと考え始めます。つまり、楽して儲かる方法はないだろうか、と思うのです。

それだけならまだしも、「ヤバイことでもやろうか」と頭を巡らせ始めることもあります。貸してはいけない人にお金を貸して、それを証券化という手法で束ねて、世界中にばらまいたら、やっている間は儲かるし、うまく売り抜けてしまえば自分たちはもう関係ない――この論理で米国ではサブプライムローン危機が勃発し、それが世界同時不況を引き起こしました。

お金を直接的にインセンティブにモチベーションを高めると、途中で「もういいや」と思う人と、金の亡者になり、何が何でも稼ごうとする人が出てきます。そういう風潮を社会に蔓延させます。そして、従業員たちは次第に疲れていくのです。なぜなら、働くことがお金を儲けるための手段でしかなくなり、次第に「どこかで手を抜けないか」という気になり始め、「良い仕事」という認識がなくなっていくからです。

褒めることで働きがいは高められる

考えるべきは、お金と関係ないところで「働きがい」を高めるには、どうすればいいかということ。そこが経営者の知恵の出しどころです。

本来ならば、お金と関係しないことで「働きがい」を高める方法を、最初に考えるべきなのです。では、それはどういうときでしょうか。

例えば、店で働いている店員が、とても良い商品をお客さまに提供したことで、お客さまから「あなたのおかげで本当に助かりました」と喜ばれたら、その店員はとても嬉しく思うでしょう。それは会社の社長でも同じで、「貴社のおかげで、私たちはとても助かったよ」とお客さまに感謝されたら、やはり嬉しいものです。

つまり、**「褒められる」ことは、働きがいになります**。

お客さま相手でなくても、例えば社内で事務処理をしている人が、周りの同僚から「あなたのおかげで、仕事が効率よく進むようになった」と褒められたら、嬉しいし、仕事をもっと頑張ろうと思うでしょう。

つまり、褒められるということは、働きがいをとても感じさせるのです。

そして、褒められるような仕事をすればするほど、実はその人も会社も儲かります。だから、給料も上がります。何度も言うように、お金は良い仕事をした結果なのです。

まずは「褒められる」ことが大事なのに、その過程をすっ飛ばして、給料を上げたり賞与を上げたりと、お金や地位によって直接褒める仕組みを作ってしまったことが、これまで企業が犯してしまった大きな間違いだと私は思っています。単に褒めるということなく、お金や地位を与えることだけで褒めてしまっているのです。

お金や地位だけが目的になると、働く人は疲れてしまいます。なぜなら、お金が目的であるということは、つまり売上高や利益も目的になるという意味だからです。本来、良い仕事をした結果や目標であるべき売上高や利益が、目的化しがちなのです。

そういう会社で働く従業員は、会社の売上高や利益を出すためだけに働いているようなものですから、仕事がそれほど面白くありません。それに、たとえ褒めてもらえないような仕事であっても、売上高や利益を上げることはできます。そういった、良い仕事ではなく、売上高や利益、ひいては給料を上げる仕事を目的にしてしまっているために、従業員は疲弊していくのです。

売上高や利益は目標であって目的ではない

売上高や利益は、本来は良い仕事をした結果なのです。褒められるような仕事をしたら、売上げや利益は自然とついてきます。

そういう考え方で会社を経営していると、働いている人はみんなから褒められて、嬉しいのです。褒められれば褒められるほど、二義的に給料も上がる。褒められるから、頑張るし、やる気も出てきます。


本来、売上高や利益は「目標」であるべきです。そして、「良い仕事をする」、もしくは会社全体で言うと、「お客さまに喜んでいただく」「地域社会に貢献する」、それを通じて「従業員を幸せにする」といったことが、本来は「目的」なのです。

しかし、売上高や利益を出すことが「目的」になってしまったことで、皆が仕事を面白いと思えなくなっています。会社のために死ぬほど働こうと思う人が減ってしまったのは、そのためです。

社会に貢献する、もしくは多くの人に喜んでもらうため、そしてその結果自分たちの給料も上がるなら、人は本当に必死に働くことができます。

しかし、会社の数字を上げることに命を懸けよう、などという人はいません。ところが、多くの会社は、後者のようになってしまいました。だから、従業員は、楽しく働く気持ちを失ってしまったのです。

多くの会社の成果主義人事制度は誤り

人に喜んでもらえるような仕事をしているかどうか――会社は、それを従業員の評価のポイントに置いてください。言い方を換えれば、**周りの人に喜んでもらえるくらい良い仕事をすることを「目的」にする**のです。

先ほども話したように、会社には、信賞必罰が絶対に必要だと私は考えています。会社は働きに来る場所であり、良い仕事、褒めてもらえるような仕事を沢山した人に、給料を多く与えたり、地位を与えたりといったことを、必ずやらなければなりません。

ところが、多くの企業は、信賞必罰で「成果主義人事制度」の運用で、間違いを起こしてしまいました。成果主義人事制度も、もともとの趣旨は、よく働いた人に給料や地位を与えるための制度でした。しかし、制度を運用している間に、「お金や地位を上げるから、働きなさい」という意味合いに変わってしまったのです。

つまり、「良い仕事」という点を評価しなくなってしまったために、会社全体でも、売上げや利益を出すことが目標ではなく目的になり、個人でも、地位や給与を上げることが目的化したのです。その結果、地位や給与を与えることが、褒めることと同義になってしまったことで、「沢山稼ぐ社員が、良い社員」という誤った風潮が生まれました。

もちろん、良い仕事をした結果、沢山稼いでくれるのは良い社員です。しかし、成果主義人事制度の下では、良い仕事をしなくても、お客さまをだましてでも、法律を犯してでも、果ては世界同時不況を引き起こすような事態を起こしてでも、稼ぐ社員が良い社員だとする会社ができ上がってしまったのです。最終的に、そういった会社の一部はリーマンブラザーズを筆頭に破綻してしまった――それが今の現状です。

ようやく、それほどの事態になって、企業はこれまでの人事制度のあり方を反省し始めました。

良い仕事をしたら褒めるという社風を築く

今、その反省に基づいて、米国の投資銀行や金融機関はボーナスや所得を制限しようとしています。しかし本質的には、それでは何の効果も出ないでしょう。

結局は、お金で釣るという意味では同じこと。まずは、**「良い仕事をしたら褒める」**という第一ステップを、会社の中の仕組みや風土として定着させるべきです。もっと言うと、お金の関わらないやり方で「褒める」ための仕組み作りをしなければなりません。

「褒める」社風を、会社の中に築いていくのです。

そうすると、従業員は会社に行くのが楽しくなります。良い仕事をしたら、周りの同僚が褒めてくれるし、お客さまも褒めてくれます。その結果として、良い仕事をすればするほど、経済的にも報いられるという良い循環が生まれることで、従業員は楽しく働くことができるわけです。もっとも、残念なことに、こうした仕組みができている会社はとても少ないと言えます。

楽しく働ける仕組みを作る

仕事というのは、決して「楽」ではありません。

米大リーグで活躍しているイチロー選手であっても、100打席のうち65打席は凡退しているのです。楽なわけがありません。

ただ、楽ではない仕事を、「楽しく」やれるようにすることはできるのです。最悪なのは、楽な仕事を、楽しくなくやっている人たち。

たとえば、役所の窓口に座っている人たちなどが良い例です。機械でもやれるような仕事であり、あんなに楽なことはないと思うのですが、面白くなさそうにやっている人の多いことと言ったらありません。

仕事を褒めてもらえる仕組みを、経営者は作るべき

仕事は楽ではないのが当然だし、そもそも楽な仕事など誰も評価してはくれないのです。ですから、楽じゃないけれど楽しくやれるかどうかは、逆に言えば、やった仕事を周りが評価してくれるかどうかにかかってきます。お金でもなく、地位でもない方法で、自分の仕事を褒めてもらえる仕組みを、経営者が作りださなければなりません。

私の知っている会社で、実際に行なわれている「褒める仕組み」を、一つ紹介しておきましょう。

従業員がよく集まる場所に、大きめのポストイットで、「○○さん、有難う」というコメントを貼っているのです。「いつも廊下を綺麗にしてくれて有難う」「お花を飾ってくれて有難う」「事務処理を手早く片付けてくれて有難う」など、面と向かってはなかなか言いにくいことを書いて、食堂の掲示板などにぺたっと貼っておきます。そうして褒めても

らえた人は、「やってよかったな」と嬉しくなります。

それが、給与や地位に直接関係するかどうかは分かりませんが、あまり目立たないところで縁の下の力持ちをやっていた人が、「自分のやっていることが認められていたんだ」と気づけることが、とても大事なのです。

ちょっとした仕組みですが、良い仕事そのものを認めるという意味では、有効な方法です。一番良いのは、良い仕事を会社全体で拾い上げながら、良い仕事をしている人たちが結果的に、地位や給与を与えられるようにすることです。

繰り返しますが、給与や地位はあくまでも良い仕事の結果であり、絶対に目的にしないことが大前提です。

良い仕事をし続けるほど、モチベーションは勝手に上がっていく

良い仕事をすることで、働きがいを高める。それが、一番のヒューマンリソース・マネジメントです。この手の話題になると、よく「モチベーションを上げるような動機付けをする」などと言われますが、そんな難しい理屈はいりません。

とにかく、**人は良い仕事をし続けるほど、モチベーションは勝手に上がっていく**のです。まずモチベーションを上げよう、などと考えるから、従業員の目の前にお金という名

のニンジンをぶらさげなければならない、という発想になってしまうのです。

まずは、目の前の仕事を精一杯やることが、働きがいを生む一番の方法です。その仕事を褒められたら、さらに頑張ります。良い仕事をこれからも続けていこうと思います。そして、それを評価して、給与や地位に反映させるのです。あくまでも良い仕事が第一です。良い仕事を積み重ねた分だけ、モチベーションも上がっていくのです。

周りの人が認めてくれるのが良い仕事

ただし、誤解しないでいただきたいのは、自己満足の良い仕事ではダメなのです。お客さまや周りの人が認めてくれるような良い仕事です。つまり、結果がともなった良い仕事です。結果が出るくらいに良い仕事という意味です。もちろん、結果のために、つまり結果を目的とした仕事ではないことは言うまでもありません。

こうして本を書いているとき、私は「売れる本を書こう」などとは思っていません。ただ読者に喜んでいただける良い本を作りたいと思い、その気持ちだけで本を作れば、結果は自然と付いてくるのです。認められるくらいの良い本を書こうと思っているのです。認められるため、売れるために書いたような本など読者から評価されませんし、結果として売れません。

ときには読者が、私を褒めてくれます。「あなたの本を読んで、人生観が変わりました」とメッセージをいただくこともあります。すると、また良い本を書きたいと思う。良い本を書きたいという気持ちで書けば、また読者に褒められて、褒められれば褒められるほど本は売れるのです。

編集者の中には、「売れる本を作りましょう」と言う人もいます。でも、そういう人ほど、売れる本を作ったことのない人なのです。本は結果として売れればいいのであって、作っているときは「良い本を作る」ことを目的にしないと、やはり結果的に売れません。「良い本を作る」ことを儲ける手段と考えていたら、売れないのです。

良い仕事を拾い上げ、褒めて、評価し、結果的にそれを給与や地位に反映させる――そういった仕組みや風土を作り上げることが、経営者には求められます。

根底のところで、褒められる社風や、お金や地位を目的としないという「考え方」がないまま、従来のようなお金で従業員を釣る人事制度を作ってしまうと、会社は殺伐とし、結果としてうまくいかないのです。お金で動く人間ばかりが集まった会社など、うまくいくはずがありません。お客さまさえも、儲けるための手段にしようとしますし、周りにいる人も儲けるための手段になってしまいます。

何度も繰り返してきたように、「良い仕事」を目的にしなければなりません。ひいては、お客さまを目的にするという意味でもあります。そして、お客さまに対して良い仕事をすることが目的であるほど、従業員はいくらでも頑張って働けるのです。

第7章

リーダーシップとリーダーの姿勢

指揮官先頭

経営の本質の中の一つ「人を動かす」ということにおいて、リーダーが果たす役割はとても大きいと言えます。リーダーの考え方や姿勢で組織は大きく変わります。リーダーが変わったとたん、業績が大きく変わるのはそのためです。この章では、リーダーの考え方や姿勢、リーダーシップについて考えてみます。

最初に、リーダーが犯す大きな間違いの一つについて触れておきましょう。
それは、**自分は「言う人」、部下は「やる人」と思い込んでしまうこと**です。
もちろん、リーダーが全てのことを自分でやるのは不可能です。組織ですから、部下と上司、役職によって役割分担をしなければなりません。しかし、基本的な姿勢、それから最重要な案件に関しては、リーダー自身が先頭に立って取り組むという気持ちを持っておく必要があります。

リーダーとは、全体の先頭にいる人

リーダー（Leader）とは「リードする人」という意味で、つまり全体の先頭にいる人のことです。「教える人（Teacher）」とは基本的に違うのです。

仮に、リーダーの下にいる人間がうまく動かないのなら、それはリーダーとその人たちが、対立した関係にある場合が多いのです。つまり、Teacherをしている場合です。100人の部下がいるとしたら、その100人と1人のリーダーが、お互いの顔を見合わせている状態です。これは、正しいリーダーのあり方ではありません。

リーダーは、部下の先頭に立ち、部下と同じ方向を向いていなければいけないのです。そうして部下と共に精一杯取り組む姿勢を、見せる必要があります。

先にも言ったように仕事においては役割分担がありますから、部下全員がやることをリーダーがやるのは不可能です。しかし、本当に重要な局面、会社のポリシーに関わるようなことに関しては、リーダーが率先してすべきです。たとえ部下がやらなくても、自分だけでもやるくらいの強い気持ちを、リーダーは持っておかなければなりません。

戦前の海軍兵学校の教えに**「指揮官先頭」**という言葉があります。海軍兵学校とは、明治維新と同じくして設立され、太平洋戦争敗戦まで、海軍におけるエリートを育てた学校です。昔は一高・帝大へ入るよりも陸士・海兵へ入るほうが難しいとまで言われたくらい、選り抜かれたエリート達が集まっていました。

そこに集まったエリートがまず教え込まれたことが、この「指揮官先頭」であったと言われています。指揮官たるべき者、困難な状況に直面したら、必ず先頭に立つように、と教えたのです。とはいえ軍隊ですから、〝困難な状況〟とはつまり戦闘をしている最中を意味します。しかし、だからこそ文字通り指揮官が先頭に立たなければ、人はついてこないと指導されていました。

この「指揮官先頭」を見事に体現したのが、東郷平八郎です。

日本海海戦でロシアのバルチック艦隊と連合艦隊が戦ったとき、司令長官であった東郷平八郎は、5時間にわたる戦闘の間、旗艦「三笠」のブリッジにずっと立ち続けたのです。それは、負ければロシアの植民地になってしまうという、日本国の命運を懸けた戦いでのことでした。

連合艦隊は、6カ月間にわたって訓練に訓練を重ね、バルチック艦隊との激戦に備えていました。そして、いざ敵がやってきたとき、東郷はブリッジに立ったのです。

当時のブリッジとは、鉄の柵で囲まれているだけで、一発でも被弾すれば即死は間違いありません。部下は司令塔に入ることを進言しましたが、東郷は逆に副官以下をその下にある、50センチメートル幅の鋼鉄で守られた司令塔へ移動させました。そうして指揮系統が一発で潰されるのを避けた上で、砲術長と先任参謀だけ自分と共にブリッジに残し、そこに立ち続けたと言います。

敵艦も、旗艦めがけて砲弾を撃ち込んできます。司令官がやられれば、当然大きな打撃を受けるからです。それでも東郷はブリッジに立ち続け、戦闘が終わったときには、海に落ちた砲弾が上げる水しぶきでびしょ濡れになっていたそうです。

兵士たちは、砲弾が一発当たれば命のない状況で戦っています。だからこそ、東郷は同じ危険に身をさらして、厳しい戦いに身を投じる兵士を鼓舞したのでしょう。あるいは、東郷の死自身が、日本国の死を意味していたという覚悟があったからかもしれません。先頭に立つ人の姿が同じ戦場に見えれば、士気も上がったはずです。

東郷の例からも明らかなように、リーダーが先頭に立つこと、率先して行なうことが、部下の気持ちを大きく高ぶらせることにつながるのです。

人に動いてほしいと思うなら、まずリーダーが率先して動く

では、実際に仕事において、リーダーが先頭に立つとはどういうことなのでしょうか。

10年ほど前になりますが、私は先頭に立つリーダー像を象徴するような光景を目にしたことがありました。

真冬に札幌へ向かう用事があり、渋谷駅経由で羽田空港へ行こうと、朝8時という通勤ラッシュのピーク時に渋谷駅を通過しました。どこも大混雑でしたが、中央階段を下りたあたりのホームが最も混んでいました。私は山手線で品川へ向かいたかったものの、あまりにも混んでいて乗り込めず、電車を1本見送ることにしたのです。

そこで乗り込む人たちを何気なく眺めていると、山手線の各ドアに駅員さんが一人ずつ配置されているのに気づきました。閉まらないドアの隙間から、乗客の体や荷物をぐいぐいと押し込んでいるのです。ところが、中央階段下の一番混むドアを担当している駅員さんは、ちょっと違ったのです。

まずドアが閉まりかけると、自分の手でドアを押さえて閉まらないようにします。そして、お客さまがあらかた中に入られたら、少しずつ手を緩めてだんだんとドアを閉めていき、最後に革靴を履いた自分の足を片方挟むのです。そして、お客さまの手荷物などがすべて入ったのを確認してから、足を抜いてドアを閉めました。まさに、完璧な振る舞いでした。

さらによくよくその駅員さんを見てみると、帽子には金の線が二本入っていて、名札を見れば「駅長」と書いてあるのです。

改めて、すごいなと思いました。渋谷駅は一日百万人単位で乗降するターミナルであり、その駅長ともなれば、駅長の中でも偉い人ではないかと思います。朝8時という早い時間帯なら、駅長室にいて、コーヒーでも飲みながらモニター画面でも見て、「今日も部下たちは頑張っているな。大変だなあ」と言っていても、誰も文句は言わないだろうと思うのです。しかし実際には、一番人の出入りが多いドアに張り付いて、最高のパフォーマンスをしている。大したものだなと思いました。

駅長が率先して仕事をしていれば、助役以下もぼやぼやしていられないことでしょう。もちろん駅長としての役割もきちんとされているだろうし、その上で一番混んでいる時間帯に、一番混んでいる場所を担当するという、まさに「指揮官先頭」を実践している人の姿でした。

自ら動ける人のベースには「信念」がある

人に動いてほしいと思うなら、まず自分が動くべきです。部下は上司の背中を見てついてきます。上司が何をするのかを見ているのです。リーダーは背中を見せ、ティーチャーは顔を見せるのです。

人を動かすための様々な「理屈」を勉強している人もいますが、そもそも理屈で人は動きません。それは、先に述べた通りです。リーダーと呼ばれる立場にある人は、とにかく「理屈で人は動かない」ことをわきまえておくべきです。

自分を動かせない人は、人を動かすこともできません。自らが動かなければいけないのです。自ら動ける人のベースには「信念」があります。「お客さまを大切にしよう」「会社を良くしよう」「みんなを幸せにしよう」という信念が、その人を動かす原動力になっています。「リーダーはかくあるべき」というパフォーマンスの一つとして信念があるように振る舞っても、結局は長続きしません。そして部下は、「このリーダーは本気でやっているのだろうか」という点を、とても注意深く見ています。パフォーマンスではだまされないのです。何度も話しているように、正しい信念を持つことが、リーダーには求められます。

成功する人は素直

これもすでに述べましたが、松下幸之助さんは、「人が成功するために一つだけ資質が必要だとすると、それは素直さだ」とおっしゃっています。

松下さんは、小学校4年生までしか学校へ行けませんでした。10歳の時、和歌山の田舎から母親に見送られ、大阪へ丁稚奉公に出たと言います。その後、自転車屋さん、電灯会社などに勤め、後に松下電器産業（現パナソニック）を創業されました。

また、松下さんは健康にも恵まれなかった人でした。90歳まで生きられましたが、「寿命と病弱は違う」というのが口癖だったそうです。よく松下病院から会社に通っておられました。

このように、学歴にも恵まれず、健康にもそれほど恵まれなかった松下さんが、一番気にかけておられたことは「素直かどうか」だったそうです。

素直さは謙虚さに繋がります。素直であるということは、人が言っていることを聞くことができる、ということです。

松下さんと親交が深かった、日本興業銀行の頭取をされていた中山素平さんの文章に、松下さんの人となりについて触れたものがあります。それによれば、松下幸之助さんという人ほど、人の話を聞くのが上手い人はいなかったそうです。

人の話を聞くのは、意外に難しいのです。話す方はネタさえあればいくらでも話せますし、私などは話をするのが仕事ですから、1行でもテーマがあれば、1時間でも2時間でも話せます。

しかし、聞くとなるとそうはいきません。相手のペースで言っていることを、まず受け入れなければいけないため、結構な忍耐力を必要とします。東洋哲学の大家である安岡正篤先生も、「聞く姿勢、聞く態度を見れば、その人の練れ具合が分かる」とおっしゃったくらいです。

私もこれまで1000回以上の講演をこなしてきましたから、聞いている人の姿を見て、大体その人がどれくらい素直かは読み取れるようになりました。

これは余談になりますが、講演などでは、聞いている方はたいてい「自分のことは話し手から見えないだろう」と思うものです。しかし実際には、お互いの距離はこちらから見てもあちらから見ても同じですから、聞き手から見えるくらいのところは、話し手からもよく見えています。ですから、聞き手だからといって、あまり油断しない方が安全です。

ちょっと話が逸れましたが、とにかく松下幸之助さんは人の話を聞くのがとても上手かったそうです。

新入社員の話からも学んだ経営の神様

この話には続きがあって、松下さんは新入社員の話を聞いても、「良い話を聞かせてもらって、有難う」と必ず言っていたと言うのです。

私はこのエピソードを読んだとき、二つのことに感心しました。

一つは、松下さんが「素直さ」を大事にされていたことは前から知ってはいたのですが、改めて感心させられました。素直で謙虚であれば、新入社員の話の中にも、人生やビジネスのヒントを得ることができたのでしょう。だから、「有難う」と素直におっしゃっていたのだろうと思います。

それからもう一つ、何よりも驚いたのは、松下幸之助さんが新入社員の話を聞いていた、という事実です。

弊社のような社員10人の小さな企業で、新入社員の話を社長の私が聞くのは少しも難しいことではありませんが、松下幸之助さんが社長として在籍されていた当時の松下電器産業は、グループ全体で10万人を超える社員を雇っていたはずです。当時は役員も多く、松下さんの後に社長に大抜擢された山下俊彦さんは「50人抜き」の出世と言われたくらいでしたから、少なくとも50人は役員がいたでしょう。おそらく部長クラスも、2000～3000人はいたはずです。

松下さんが何か知りたいことがあって、そこらの副社長をつかまえて「あれはどうなっているんだ」という話になったら、上を下への大騒ぎになり、色々なことを一から調べ上げてから持っていったはずです。そのくらい、松下電器の中では神様のような存在でした。その松下さんが、新入社員の話をわざわざ聞いているという点が、松下さんが松下さんたる所以なのです。

それは、素直さや謙虚さがなければ、できないことです。

もう一歩踏み込めるかどうかが成否の分かれ目

繰り返しになりますが、私の仕事は、人に成功してもらうことです。別に良い格好をして言っているわけではありません。私がアドバイスする企業や、そこで働いている人たち、講演を聞いてくれる人、この本を読んでくださる読者の方々など、一人ひとりが成功してくだされば、それは直接、私の成功につながります。

ですから、人が成功するかどうかに、私はとても興味を持っています。「人の成功」が私のライフワークです。そして、実際に成功した人、それから失敗した人を沢山見てきました。その中で、分かったことが一つあります。

それは、成功した人も、失敗した人も、両者は大きく違わないということです。

根本的に間違ってしまっている人は端から除外するとして、成功する人も失敗する人も、やっていることは大体同じなのです。

要は、そこから一歩踏み込めるかどうか。その違いだけです。

例えば、どこの中小企業の社長でも、部下の話くらいは聞いているでしょう。でも、新入社員の話まで聞けるでしょうか。人間は少し偉くなってしまうと、新入社員の相手など人事部長に任せておけばいい、といった態度になりがちです。だから、松下幸之助さんのように、新入社員の話などあまり聞かないはずです。

同じようなことはやっていても、同じことはできていません。徹底できていません。「同じようなこと」と「同じこと」は、全く違うのです。「ような」の3文字が入るかどうかで、結果が大きく違うのです。徹底の差といってもよいでしょう。

お客さまに対して徹底することが、会社が成功するための一つのポイントであることは、すでに述べました。**部下に対しても、会社に対しても、ちょっとしたことを徹底できる、もう一歩踏み込めるかどうかで、会社の行く末は変わります。**

部下の話は聞くけれど、新入社員の話までは聞かないという社長がいるなら、それはどこか傲慢になっている証拠です。「そんなことは部下がやればいい」と思い込んでいることが、果たして本当にそうなのか、もう一度振り返ってみるべきでしょう。確かに、経営者という立場にいれば、ある程度は下に任せなければならない仕事もあります。

けれど、ただ自分が傲慢になっているがために、「その程度のことは部下がやればいい」と思っているようなら、その気持ち自体が成功への道を阻んでいると考えるべきです。

部下の話にもメモを取れるか

素直さの大切さについて、もう一つ、エピソードを紹介しておきましょう。イトーヨーカドーの創業者である伊藤雅俊さんにまつわるお話です。

イトーヨーカドーの歴史は、東京の南千住で戦後すぐに、わずか2坪の雑貨屋「羊華堂」から始まりました。伊藤さん夫婦と、お母さん、それから兄さんの4人で店をやっておられたそうです。それが、今や日本を代表する小売業チェーンになったわけですから、その礎を築かれた伊藤雅俊さんに、私はコンサルタントとして非常に興味を持っていました。

幸いなことに7、8年前、伊藤さんと25年以上もお付き合いがあった方にお話を伺う機会に恵まれました。そこで人となりを尋ねてみたところ、伊藤さんは、相手が部下であっても、誰であっても、人の話を聞くときには必ずメモを取っていたそうです。食事をしているときでも、メモを欠かさなかったと言います。

私はその話を伺ったその足で、一番近くにあった文房具屋さんに入り、ノートを買いました。当時、会社を設立して6年目になっていましたが、その日まで私は部下の話にメモを取ったことが一度もなかったのです。小さな会社の社長で、創業経営者で、創業の日から会社にいます。ですから、会社のことなど全て知っていると、私は勝手に思い込んでいました。けれど伊藤さんについてのお話を聞いて、自分が人間としての謙虚さを無くしていたことに気づかされたのです。

成功する人に共通するのは気配りや小さな行動を徹底すること

一人前のリーダーは、部下の話をメモに取る人です。私は、そこで判断します。

例えば、講演会や上司の話には、どんな人でも大抵メモを取ります。そこでメモを取れない人は、そもそも芽がない人です。傲慢なのです。しかし一方で、とても多くのリーダーたちが、部下の話をメモに取ることができていません。

部下の視点で考えてみれば、自分の話を上司がメモしてくれているのを見たら、やはり嬉しいものです。また、上司の立場からも利点があって、後々に「言った」「言わない」のもめ事がなくなります。メモに証拠が残っていますから、「○月○日に、君はこう言ったよね」と言うことができます。

謙虚さとはそういうこと。立場が変わっても、同じ目線でいつも物事を見られるということなのです。社長はもちろん、コンサルタントもそうですが、どこへ行っても「社長」と呼ばれ、「先生」と呼ばれます。会社でも役職がつけば、「係長」「課長」「部長」と肩書き付きで呼ばれるでしょう。すると、気づかぬうちに目線が高くなりがちです。

ですから私は、親しいお客さまには「小宮先生」ではなく「小宮さん」と呼んでいただくようにお願いしています。なぜなら、こちらを「先生」と呼ぶことで、相手もまた目線が変わり、「こんなことを言ったら恥ずかしいかな」と勝手に遠慮して、必要な情報を出してもらえなくなることがあるのです。それは、コンサルタントにとって致命傷になります。だからといって、コンサルタントが下から目線になるのも考えものです。同じ目線、対等な目線で、相手を見極める必要があります。

経営者も同じです。経営者は何も偉いから経営者なのではなく、そういう役割なのです。社長という役割であって、特権階級でも何でもありません。

ところが、会社の業績が上がったり、商品が売れたりして、少しお金を稼げるようになると、人間は傲慢になりがちです。相手がお金に頭を下げているのが分からなくなり、自分が偉いからだと勘違いするのです。

「実るほど頭を垂れる稲穂かな」ではないですが、謙虚さや素直さを無くしてしまうと、物事が正しく見えなくなります。そして、何よりもみっともない。少し小金持ちになったり、上場企業の社長になったくらいで、天下を取ったような気になっている経営者もいますが、それは大きな勘違い、間違いです。

失敗する経営者のほとんどは、自ら失敗の道を選び、自ら転げ落ちていきます。しかし、それに気づいていません。一方、**成功する人に共通するのは、些細な気配りや小さな行動を徹底できる点**にあります。そしてベースには、**いつまでも初心を忘れず、素直で謙虚な気持ちを保っている**のです。だからこそ、部下もついてきます。

素直の3ステップ

では、どうすればリーダーは「素直さ」を持つことができるのでしょうか。
素直とは、一体どういう行動を指すのでしょうか。
私は、素直さを自分のものにするための「三つのステップ」があると考えています。

第一ステップは、**「聞く」**こと。
相手が言っていることを、受け入れる姿勢を持ってください。聞いたことを自分が実行したり、納得したりするかどうかは別として、とにかくまずは受け入れてしまってから、自分の中で良いか悪いか、やるかやらないかを判断するのです。

世の中には頑なな人もいて、そういう人は相手の話を受け入れる前にはじき返してしまいます。しかし、はじき返してばかりでは、自分をより大きく成長させることはできません。どんなに頭の良い人でも、頑なに人の意見を受け入れない人は、自分の殻を超えられないのです。他人の意見を聞かない人からは、どんどん人が離れていきます。

ですから、とにかく一度、相手の話を受け入れます。その上で「良いな」と思うものはそのまま受け入れておけばいいし、「ダメだな」と思うものは吐き出してしまえばいいのです。

松下幸之助さんが「素直さ」を重視したのも、**人の知恵やアドバイスを受け入れられることが、成功するには欠かせない**ことを知っておられたからでしょう。

第二ステップは、**「良いと思ったことは、やる」**ということ。

聞いたフリが上手な人もいて、それが一番たちが悪いのです。熱心に聞いているフリをして、分かったような顔をしているけれど、実際にはやらない人です。上司から見ると、分かっているように見えるのに何もできない、一番困るタイプです。チームの仕事もうまく回らなくなる上、本人も伸びません。

何でもかんでもやる必要はないのです。ダメだと思ったことはやらなくてもいいですし、転職や結婚などリスクの大きいことは、じっくり焦らずに考えた上で、どうするか判断すればいいでしょう。しかし、例えば勉強をしたり、運動したり、リスクが小さいことについては、あれこれ悩む必要はないはずです。良いことについては、とにかくやる姿勢を持つことが大切です。

最後の第3ステップは、**「やり続ける」**こと。

結果が出るまで、とにかくやり続けてください。場合によっては、一生やり続けることもあるでしょう。とにかく良いことを続けるのです。

この三つができてはじめて、本当に「素直」と言えます。私はこれを、「素直の3ステップ」と呼んでいます。

肩書きではなく人望

先にも言いましたが、「社長」という肩書きは、「役割」です。人間として偉いから、社長をしているわけではありません。会社には色々な役割の人がいて、自分は「社長」という役割を担っているということなのです。他の人より高い給料をもらえているのは、その責任の重さ故です。それだけです。

それを忘れて、「社長」という肩書きを使って人を動かそうとすると、かえって人はついてこなくなります。

しかし、一方で、人は肩書きで案外簡単に動くところもあります。

私は講演会で1時間くらい話をし、お客さまが疲れてきた頃に、

「ちょっと皆さん、右手を挙げてくれませんか」

とお願いすることがあります。すると、数百人のお客さまがいらしても、大体は手を挙げてくれるものです。そこで、一番前にいる人にこう尋ねます。

「なぜ、右手を挙げたのですか」

すると、ほとんどの場合、お客さまはきょとんとされるのです。本人にしてみれば「あなたが手を挙げろと言ったからじゃないですか」と思うでしょうし、そのようにおっしゃいます。

肩書きが人を動かす

意地悪な質問をして申し訳ないとは思いますが、それでは、もし私がその講演会場の近

くの駅の改札を出た所で同じように「皆さん、右手を挙げてくれませんか」と大声で怒鳴っていたら、一体どうなるでしょうか？　十中八九、誰も手など挙げないはずです。ところが、講演会の会場であれば、誰もが私の言う通りに手を挙げてくれます。

なぜ、この違いが起こるのでしょうか？

私が「手を挙げてください」と言ったから挙げた、というのは、正しいけれど、ある意味では間違っています。私がそう言うからその通りにするというなら、駅の改札を出てくる人たちも手を挙げてくれるはずなのです。でも、実際はそうではない。

つまり、講演会に来てくださる方たちが、私の言葉通りに右手を挙げてくれるのは、私がその場の講師だからです。「講師」という肩書きがあるからに他なりません。

しかし、駅の改札の前では、私はただのおじさんです。「右手を挙げてください」と叫んでいたら、明らかに変なおじさんなのです。そして、変なおじさんの言うことなど誰も聞きません。

つまり、そういう意味では、「肩書き」は人を動かすのです。これを、心理学の言葉で「権威」と言います。権威は人を動かします。肩書きで人は動くのです。

ただし、です。講演会でこの話をした後、「では皆さん、今度は左手を挙げてくれませんか」と言うと、どうなると思いますか。そう、誰も挙げません。聴衆の心の中は「もう騙されてなるものか」という思いでいっぱいです。肩書きで人を動かしていると、最後にはそうなります。

社長の場合は、従業員に給与を出している立場ですし、人事権も持っていますから、言えば周りは動くでしょう。しかし、肩書きによっていつも人を動かしていると、部下は動いているフリをするだけになっていきます。心から動いてくれないのです。**人に本気になって動いてもらいたいなら、「人望・人徳」を身に付ける以外にはありません。**他に方法はないのです。先にも話したように人は幸せについてくるのです。

リーダーには、「人望・人徳」が必要

リーダーには、「人望・人徳」が必ず必要です。それはどうすれば身に付けることができるのでしょうか。講演などでも、よくそう聞かれるのですが、私はそういうとき、決

まってこう答えます。

「私は知りません。知っていたら、もっと立派な人になっています」

心からそう思ってはいますが、それでは皆さん納得されませんから、**人望や人徳を身に付けるために大事だと思うことを一つあげるなら、そう「思う」ということ**でしょう。人望や人徳を身に付けたい、身に付けようといつも思っていたら、それが実現する方向へ、0・1歩ずつでも進んでいくのではないかと私は思っています。

人間は、余程のことがない限り、行こうと思う方向にしか行きません。駅の方向へ行こうと思うから駅へ行くのであって、どこに行こうとも思っていないままフラフラしていれば、どこへ行ってしまうか分からないのです。それと同じで、人望・人徳を身に付けたいと思っていれば、少しずつかもしれませんが、その方向へ行ける可能性があります。

そもそも「人望・人徳」とは何なのかという疑問もあるでしょう。それについては、すでに何度も繰り返してきたように、『論語』や『老子』など、昔から読み継がれている本を読んでみて、その中から見つけ出し、自分自身で「人望・人徳とは何か」を理解した上で、毎日心にとどめておくことです。

「優しくて厳しい」のが良いリーダー

私の持論は「成功したければ、成功者に学べ」ということです。

もちろん、失敗から学べることもあるでしょう。しかし、ある時私は気づきました。失敗の反対は、必ずしも成功ではないのです。

例えば、小学生や中学生の国語の試験で、「『失敗』の反対語を書きなさい」という問題が出たら、「成功」と書かなければ点数はもらえません。しかし、色々な人に出会い、色々な会社を見てきた上で私は、失敗の反対は別の失敗であることが多いことがわかったのです。

このことに気づくヒントになったのが、小説『アンナ・カレーニナ』の有名な冒頭の一節でした。

「幸せな家庭というのは一様に幸せだけど、不幸な家庭は様々に不幸である」

ビジネスも同じなのです。失敗にも様々なパターンがありますが、成功は1パターンしかありません。

結論から言えば、**まず「お客さま」、次に「従業員さん」、最後に「お金」を、この順番で大切にできる会社は成功します。**

一方、失敗する会社はと言うと、これまでにもいくつか例を挙げてきましたが、色々な形で失敗するのです。社長が公私混同したり、戦略を見誤ったり、借金をしすぎるなど、失敗の要素は様々にあります。

だからこそ、成功したければ、失敗例ではなく、成功例から学ぶべきなのです。

独立する際、私は二人の著者の本を徹底的に読みました。一人は松下幸之助さん。戦後、最も成功した経営者であることは間違いないからです。

もう一人は、ピーター・ドラッカーです。20世紀後半、マネジメントに関して、それから経営コンサルタントとして最も成功した人と言えます。この二人の思考パターンを身に付けたいと考えました。

相手の人間的な尊厳に対して優しさを持つ

そして、二人の書かれた本を何度も読んでいるうちに、松下幸之助さんにお会いしたいと思うようになりました。しかし、すでに亡くなっていたため叶わず、そこで松下電器の知り合いに、松下幸之助さんと一緒にお仕事をされた方を紹介してもらえないかと頼んだのです。すでに15年くらい前の話です。

今の若い社員は分かりませんが、私と同じ年代くらいの松下電器の社員には、「何かお役に立てることはありませんか」と必ず言ってくれるくらい親切な人ばかりいるのが特徴でした。「お役立ち」という理念が、松下電器では徹底されていたからです。その知り合いも、喜んで紹介してくれました。

紹介されたのは当時、70歳を超えられていて、すでに引退された方でした。その人から伺ったのは、松下幸之助さんが**「優しくて厳しい」リーダー**であったという話でした。

ある部長が、大きな失敗をして松下さんの執務室に呼び出されたそうです。実は松下さんは、叱るときは烈火のごとく怒る人だったらしく、また叱られる部長も相手は神様ですからひどく緊張されていたのでしょう、そのあまりの激しさに部長が気絶してしまったのだと言います。

気絶した部長が運び出された後、松下さんは秘書に、その部長の自宅の電話番号を聞いてきたそうです。そして、自ら部長の自宅に電話を入れ、奥さんに、

「今日、旦那はしょげて帰ってくる。だから、夕ご飯にお銚子の２本でも３本でも、必ず付けておいてあげるように」

と言っていたと言います。

リーダーとして職制上、言わなければならないことは、言わなければいけないのです。もちろん、相手が気絶するほど言うかどうかは別問題ですが。大切なのは、相手の人間的な尊厳に対して優しさを持てることです。

私は大企業、中小企業の社長を沢山見てきましたが、部下を自分の金儲けや出世の道具に使っている人も実際にいました。そういう人は、人間的に尊敬されませんし、最終的には会社もうまくいきません。

部下も自分も幸せになりたいのは同じです。会社というのは、お客さま、働いてくれる従業員を幸せにするための道具なのです。**リーダーとしてその根幹に人間的な「優しさ」を持っておくことが、部下との良い関係を築くためには絶対に必要**なことなのです。

リーダーの持つ「甘さ」と「優しさ」

リーダーには、「優しさ」が必要です。しかし、中には「優しさ」と「甘さ」をはき違えている人がいます。

甘さとは、その場凌ぎをすることです。「こんなことを言うと相手がかわいそうだ」「叱ったりすると恨まれるかもしれない」という気持ちが先に立ち、部下を叱るべきときに叱ることができないのは「甘さ」であり、優しさとはほど遠いのです。

何度も言うように、**リーダーは部下に対して、ダメなことは「ダメだ」とはっきり言わなければいけません**。甘い人は、それが言えないのです。

一方、**リーダーの持つ優しさとは、中長期的に、関わる人を皆幸せにすること**です。当然、相手を幸せにするためには、ときには厳しいことを言わなければならない場面も出てきます。褒めるべきは褒め、悪いところもまたちゃんと指摘しなければ、その人は良い方向へ進めません。

もし、「優しさ」というコインがあるとすれば、その裏側は「厳しさ」です。厳しいことも言わなければ、組織全体が良くなりません。また、「甘さ」というコインがあったなら、その裏側は「冷酷」です。甘いことばかり言っていたら、組織全体も悪い方向へ進んでしまうでしょう。

「正しい信念」がリーダーの勇気とエネルギーになる

もっとも、リーダーとして部下に厳しいことを言うには、勇気が必要です。エネルギーがいるのです。その勇気があるかどうかが、リーダーとして最も試されるところではないかと思います。

では、その勇気やエネルギーはどこから湧いてくるのでしょうか。

それは「信念」です。

「この組織を良くしよう、そして社会に貢献しよう」「この会社を成長させて、働いている人みんなを幸せにしよう」といった信念があるリーダーは、厳しいことも言えるのです。そんな信念もなく、「自分が社長でいる間だけは何事もなく過ぎればいい」といった程度の気持ちなら、絶対に言えません。

つまるところ、**リーダーに求められるのは「正しい信念」を持つこと**。ポイントは、

「正しい」という点です。ただの信念ではなく、それが正しいものでなければ、間違った方向へ進む可能性があります。「俺のベンツを買うために、この会社は存在する」というのも、人によっては信念になり得ます。もっとも、思い切り間違った信念ですから、そういうリーダーに部下は誰もついていかないのです。

成功する経営者の五つの特徴

成功した経営者を沢山見てきて、さまざまな経験をした中から、成功する経営者には5つの特徴があることに、気づきました。今までにお話ししたことも一部含まれますが、その点はおさらいする意味も兼ねて、**成功する経営者の五つの条件**を紹介していきましょう。

まず一つ目は、**「せっかち」**であること。成功した経営者の大半は、せっかちなのです。のんびりしている人は、ほとんど見たことがありません。言い方を換えると、「明日延ばし」の習慣を持たないのです。

さらに、成功する経営者の中でも飛び抜けて上等な人は、**内心はせっかちなのですが、それを表には出さず、表面的にはゆったり構えています**。でも、その行動を見ると、「今日やれることは今日やっておこう」という考え方が根付いているのがよくわかります。

戦前に大阪師範学校（現大阪教育大学）で教師をされていた森信三先生が書かれた『修身教授録』という本があります。大変な名著で、私はある経営者に薦められて読みました。その森信三先生の言葉の中で、とても印象に残っているのが「人生は50メートル走」という言葉です。

どちらかと言えば、長い人生はよくマラソンに例えられます。しかし、人生はマラソンだと思っていると、先は長いなと感じて、「今日はいいか」「明日にしておくか」という気持ちが湧いてきてしまいます。何かをやると決めたときには、50メートル走だと思って全力を出さなければ、実力は上がりません。

今日できることを、明日延ばしにしないことが大前提です。もちろん、体を壊してまで無理することはありません。しかし、やれることはできる限り今日中にやっておこうとする意識を持つべきです。

♛ 図15 人を心から褒められる人は
相手の長所を見つけられる人

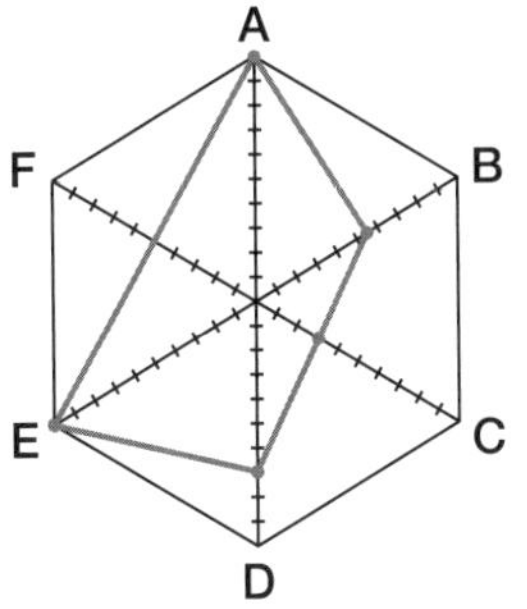

人を心から褒められる人は、A、Eにまっ先に気がつく

二つ目は、**「人を心から褒められる」**こと。

どんな人にも、良いところと悪いところがあります。そして、人を心から褒められる人というのは、相手の「良いところ」を見ることができる人なのです。逆に、他人をけなしてばかりいる人というのも、稀にいます。そういう人は、相手がやっていること、相手の悪いところばかりが見える人です。だから、人をけなしたくなります。

たとえば、人を評価するポイントがAからFまで6つあり、それぞれを10点満点で評価してヒストグラムを描くとしましょう。

ヒストグラムが6項目すべて10点満点、

という人はそうそういません。誰でも、できることもあれば、できないこともあります。そこである人のヒストグラムでの評価が、A、Eのポイントは10点満点で、一番悪いのはCの3点だったとしましょう。

このとき、人を褒められる人は、10点満点であるA、Eの要素、つまり相手の良いところが分かる人なのです。良いところに気づけるから、それを褒めてあげることもできます。逆に、人をけなしてばかりいる人は、Cのポイントばかりが目につく人です。だから、同じ人を見ていても「こいつはダメだ」としか言えないのです。

では、なぜ人を褒められる人は、リーダーとして成功できるのでしょうか。

人を褒められる人は、相手の長所を見つけられる人です。つまり、部下が5人いたら、それぞれが10点満点を取れる長所ばかりを集めて、チームを作ることができます。それぞれの長所を生かしてチームを作れば、どんな仕事にも十分に対応できるのです。

プロ野球が良い例です。バントが得意なバッターもいれば、ホームランを次々打つバッターもいるし、長打は打てないけれど俊足を活かして盗塁できる選手もいます。そして監督は、バントが得意なバッターに「ホームランを打ってこい」とは言わないわけです。そういうときは、ホームランバッターを出せばいい。つまり、得意を活かさないと、精鋭揃いのプロ野球チームでも試合には勝てないのです。ましてや中小企業では、何もかもが10点満点の人など雇えないのですから、なおさらです。

そういう意味では、人が成功するのに、頭の良し悪しはほとんど関係がありません。ましてや、リーダーとして成功するかどうかは特にそうです。なぜなら、上手に人を使うことができるなら、頭の良い部下を引っ張ってくればいいだけのことだからです。相手の良い点を見つけられる人にはそれができます。

褒めるとおだてるの違い

一方、人をけなしてばかりいる人は、相手の短所にばかり気づく人です。チームを作っても、メンバーの悪いところしか見えていないので、そこしか活用できません。結果的に、チーム力は弱くなり、仕事にも満足に対応できないわけです。

褒めて育てろ、とはよく言われることで、私もその通りだと思います。

ただ、大切なことが一つあります。何でも褒めればいいわけではないのです。部下の良いところは、十分に褒めてあげればいいでしょう。しかし、悪いところに対しては、はっきり「ダメだ」と言わなければいけません。リーダーは、ここを間違わないことです。

「褒める」と「おだてる」は全く違います。

その人の良いところを「良い」と認めてあげることを「褒める」と言います。逆に、ダメなところを「良い」と言うことを、おだてると言うのです。

では、おだてられた人はどう思うかと言うと、つけ上がります。この程度でいいのか、と世の中を甘く見るのです。リーダーに対して「この人は大したことはないな。適当にやっておけばいい」と、増長してしまいます。

ですから、良いところは褒め、ダメなところはダメだと言ってあげることが、リーダーの重要な役割なのです。

悪いことは全部自分のせいと思えるか

さらに、成功する条件の三つ目は、**「他人のことでも、自分のことと同じように考えられる」**ことです。

さて、こう言うのは簡単ですが、実行するのは本当に難しい。

それを伺わせるのが、一倉定先生の名言の一つです。社長として成功したければ、「電信柱が高いのも、郵便ポストが赤いのも、全部自分のせいだと思え」という言葉を残しています。

実際、なかなかこのように思えるものではありません。電信柱が高いのは電力会社のせいだし、郵便ポストが赤いのは日本郵政のせいです。しかし、それを「自分のせいだ」と思うくらいの気持ちがないと、人はついてこないということなのです。たいてい人は、物事がうまくいかなかったりすると、他人のせいにしてしまいたくなります。しかし当然、そんな経営者には、やはりだれもついてきません。

うまくいったときは窓の外を見て、失敗したときは鏡を見る

『ビジョナリー・カンパニー2』の中では、成功するリーダーの資質として、「うまくいったときには窓の外を見て、失敗したときには鏡を見る」と書かれています。つまり、うまくいったときには窓の外を見て、自分以外に成功要因を求め、失敗したときには鏡を見て、自分に何が足りなかったのかを反省できる人、という意味です。実際、成功した経営者はたいてい、自分の成功について「運が良かった」とか「○○さんのおかげだ」と言うものです。もし、これが逆になってしまっている人がいたら、とんでもないことになります。うまくいったときは鏡を見てニタニタしていて、失敗したときには窓の外を見て人のせいにしていたら、だれもついてはきません。

どちらの言葉も、人間の度量の大きさを示しています。電信柱が高いことまで面倒を見

切れるかどうかは私も自信がありませんが、社内で起こったことの全てが自分の責任である、自分の不徳の致すところだと言えるくらいでないと、本物のリーダーにはなれないのです。

現実には、社長であっても「うまくやって儲けました」とぬけぬけと言っている人もいます。また、政治の世界を見てみれば、代議士は軒並み、「官僚が悪い」「○○さんが悪い」と非難することしかしていません。人間が小粒なのです。そんな人達を、とてもリーダーとは呼べません。野党であっても与党であっても自分の仲間であっても、相手に理があればその通りだと認めるし、間違っていればダメだという。それくらいの気持ちがなければリーダーとしては成功しないのです。

さて、成功する条件の四つめは、先にも述べた**「優しくて厳しい」**ということ。

リーダーは、「この会社を良くしよう」「みんなを幸せにしよう」という信念を持っておくことが必要です。そして、その信念に反することを部下がしていれば、厳しく叱ることができなければならないのです。しかし、人間的な優しさは、常に忘れてはいけません。

そして、最後の条件は、これもすでにお話しした**「素直さ」**です。

素直であることは、そして謙虚であることは、経営者としてだけに限らず、人間として成功するために、必要となるものです。これを無くすと、社長としてというより、人として、幸せをつかむことはできないでしょう。

どんなに成功しても、どんなに儲けても、素直さと謙虚さをどこかに置いてきてしまったら、いつかは下り坂を転げ落ちることになるでしょう。

以上が、成功する経営者の五つの条件です。

繰り返しになりますが、ここに成功の条件を五つ並べ、言葉で説明するのは大して難しいことではありません。ここまで読んでくださった読者の皆さんの中には、「これならできる」と思われている方もいるでしょう。

もちろん、実践が大切です。本書に触れてくださったどの方にも、ビジネスでの成功が実現することを願ってやみません。けれど、これらを実践するのは本当に難しいのです。ただ、そういうふうになっていこうと「思う」ことが大切です。そう思っているとわずかずつかもしれませんが、その方向に進むものです。

実践する前に、まずはやろうとする意志、やらねばならないと思う決意を固めてください。決して中途半端なままで終わらせず、徹底してください。

おわりに

絶対に忘れないでください。ここまでお話ししてきたことは、お金儲けをするための条件ではありません。良い仕事をして、お客さまに喜んでいただき、従業員を幸せにして、会社を成功させるために、経営者が身に付けるべきことです。全てがうまく回り始めたとき、その結果としてお金がついてきます。本当の心の豊かさと経済的豊かさをあなたは得ることができるようになるはずです。

本書を参考に、経営者の方々が、そしてこれから「社長」を志す人たちが将来、「良い仕事」をする会社を実現されて、より繁栄し、成功者となることを心よりお祈りいたします。それこそが、経営コンサルタントとしての私の一番の喜びであり、幸せです。

最後に、本書作成にあたり、本当に辛抱強くアドバイスをくれたダイヤモンド社の高野倉俊勝さんにこの場を借りて心よりお礼申し上げます。

２０１０年2月

小宮一慶

［著者］
小宮 一慶（こみや・かずよし）
経営コンサルタント。株式会社小宮コンサルタンツ代表。
10数社の非常勤取締役や監査役も務める。

1957年大阪府堺市生まれ。京都大学法学部を卒業し、東京銀行に入行。84年から2年間米国ダートマス大学経営大学院に留学し、MBA取得。帰国後、同行で経営戦略情報システムやM&Aに携わったのち、岡本アソシエイツ取締役に転じ、国際コンサルティングにあたる。その間の93年初夏には、カンボジアPKOに国際選挙監視員として参加。94年5月からは日本福祉サービス（現セントケア）企画部長として在宅介護の問題に取り組む。96年に小宮コンサルタンツを設立し、現在に至る。

主な著書に『どんな時代にもサバイバルする会社の「社長力」養成講座』『ビジネスマンのための「発見力」養成講座』『ビジネスマンのための「数字力」養成講座』『ビジネスマンのための「読書力」養成講座』『どんな時代にもサバイバルする人の「時間力」養成講座』（ディスカバー・トゥエンティワン）、『「1秒！」で財務諸表を読む方法』『「1秒！」で財務諸表を読む方法【実践編】』『図解キャッシュフロー経営』（東洋経済新報社）、『お金を知る技術　殖やす技術』（朝日新聞出版）他多数。

ブログ　http://komcon.cocolog-nifty.com/

社長の教科書

2010年2月18日　第1刷発行
2011年8月11日　第3刷発行

著　者——小宮一慶
発行所——株式会社ダイヤモンド社
〒150-8409　東京都渋谷区神宮前6-12-17
http://www.diamond.co.jp/
電話／03･5778･7236（編集）　03･5778･7240（販売）
装丁————石間 淳
本文デザイン—百々薬摘（TYPE FACE）
製作進行——ダイヤモンド・グラフィック社
印刷————加藤文明社
製本————ブックアート
編集担当——高野倉俊勝

ISBN 978-4-478-01246-8